IIJIMA Nami's homemade taste

LIFE

あつまる。

料理・スタイリング　**飯島奈美**

写真　大江弘之

装画　福田利之

もくじ

はじめに……8

フライパン3つの食卓。……10
・アサリのごはん……14
・野菜のオムレツ……16
・鶏のレモンクリーム煮……18
・ピクルスサラダ……20
・アイスクリームのカラメルパイナップルぞえ……22
――鶏の脂を、しっかり取る。……23

持ちより女子会。……24
・豚肉蒸し……28
・マグロの和風カルパッチョ……30
・じゃがいもチーズパン……32
・なすのトマト煮……34
・じゃがいものだし煮……36
・大豆煮……38

・つけものサラダ……40
——だしのとりかた。……42

いろんな手巻きずし。……44
・2種類の酢めし……48
・牛の赤身のステーキ……50
・マグロのづけ……52
・イカのなめろう……54
・ゆかりひじき……56
・甘い卵焼き……58
・豆腐ディップ……60
・ヨーグルトクリーム……61
・その他の食材と薬味……62

大人のおうちバーベキュー。……64
・スペアリブ……68
・おしょうゆベースのタレ……69
・イサキのホイル焼き……70
・エスニックソース……71
・マッシュルームのエスカルゴ風……72
・チーズ3種焼き……74

・コーン焼き 75
・その他、焼き野菜など 76

ママたちのお茶会。 78
・ボストック 82
・コーンカスタードサンド 84
・プルーンサンドイッチ 86
・バルサミコソース パルフェ 87
・ホットアップルジュース 88
・ミント緑茶 89

そうめんをとことん味わう会。 90
・ジャージャー麺 94
・野菜のおろしダレ麺 96
・豆乳麺 97
・いんげんの香り和え 98
・きゅうりのごま酢和え 98
・にんじんの梅和え 98
・なすのナムル 100
・トッピング 101

――「しょうゆ 大さじ1」を ほかの調味料に置き換えると？ …… 102

新米ごはんの会。 …… 104

・鯖ごはんと切り干しだいこんの巣ごもり …… 108
・ホタテごはん …… 110
・鯵ごはん …… 112
・薬味 …… 113
・鶏肉のしょうゆ焼き …… 114
・しそ南蛮みそ …… 115
・小松菜のおひたし …… 116

――おひたしのコツ。 …… 117

・かくや …… 118
・豆腐のおすまし …… 119

羊の会。 …… 120

・ラムロースト …… 124
・調味塩 …… 126
・ラムしゃぶ …… 128
・マッシュポテト …… 130

・にんじんサラダ 131
・豆腐サラダ 132
・トマトライス 133
・柿のマチェドニア 134
・サングリア 135
――サラダをおいしく。 136

男のつまみ。 138
・鶏肉のアクアパッツァ 142
・トマトスパゲッティ 144
・鯖のこしょう焼き 146
・ミックスナッツ カレー味 148
・だいこんときゅうりのさっぱり漬け 149
――調味料を変えて、味にバリエーションを。 150

蒸し料理ざんまい。 152
・シュウマイ 156
・牛肉巻き 158
・セロリの油揚げ巻き 159

・マントウ …… 160
・蒸しビーフ …… 162
・その他の蒸しもの …… 163
・小松菜炒め …… 164
・ニラ卵炒め …… 165
・つけだし …… 166
・ねぎダレ …… 167
分福鍋（ぶんぶく）。…… 168
・分福鍋 …… 172
・だまっこ …… 176
・肉団子 …… 178
・鶏手羽先のしょうゆ漬け …… 180
——しょうが焼きの脂。…… 181
——油いろいろ。…… 182

各レシピの分量は、おおよそ5～6人分を想定しています。人数に合わせて調整してください。

本書に出てくる基本調味料

しょうゆ　こいくちしょうゆを使っています。

塩　海水を釜だきした「あら塩」を使っています。

砂糖　サトウキビのザラメ糖を使っています。上白糖やグラニュー糖でもかまいません。

油　太白ごま油を使っています。（サラダ油でも代用できます。）

バター　有塩のものを使っています。

酒　飲んでおいしいと思うものを使っています。

みりん　本みりんを使っています。

はじめに

飯島奈美

街で会った若い女性が、「『LIFE』を活用しています！」と声をかけてくださることがあります。なかには「ともだちの家で『LIFE合宿』をするんです」というかたも。LIFE合宿というのは、週末の女子会を自宅で開き、『LIFE』のレシピを参考に、みんなで料理して、食べて、飲んで……という会のことなんだそうです。

「もてなす側」と「もてなされる側」に分かれることがない、そういうあつまりって、とってもいいなと感じました。ときには、ひとりが大勢のお客さまをもてなすのも、背筋がピンとのびていいものですけれど、みんなで料理をするというのは、その過程も楽しいし、料理をすることに苦手意識のある人が料理を身近に感じてくれる機会になるかもしれません。そういえば『LIFE』のプロデューサーである糸井重里さんも、こんなことをお話ししていました。「料理をふだんしない自分のような人にとって、手料理をふるまってもらうのは、とてもうれしいいっぽうで、いつも、なにか手伝えることがあったらと思うんだよ」と。ただのゲストではなく、その会の参加者として役割があったら、もっと楽しく食べることができると感じるのだそうです。

そこから、本書のコンセプト「みんなであつまる日のごはん。」がうまれました。いつも調理は見ていただけ、あつまりでは食べるだけだった人も、ちゃんと活躍できるレシピ集にしよう、と思ったのです。

どのレシピも、身近な材料を使って、けれども〝いつもとはちょっとちがう〟雰囲気が出るようにと心がけました。「新米を入手したとき」や「そうめんをとことん味わいたいとき」「ぜんぶ蒸し料理で」など、あつまりのテーマごとに章立てをし、レシピを構成していますが、なかには「和えるだけ」というような、ごくかんたんな（でもおいしい！）料理を加えています。これなら料理をふだんはしない、という人にも挑戦していただけるのではないかと思います。また、ふだん料理をしている人は、このままぜんぶこの通りに、ということではなく、本書のレシピをもとに、自分流にアレンジをしてくださっても楽しいと思います。

また、本書のもうひとつのコンセプトは、「大げさな準備不要」ということ。たとえば大皿や、大きなテーブルクロスは、あんがい、持っている人が少ないのではないかなと感じています。もちろん、持っている人は使ってくださってかまいませんが、大勢あつまる食事会だからといって、そのために買う必要はありませんよね。テーブルクロスがほしかったら、小さなクロスを何枚か重ねてつぎはぎしても素敵だし、ランチョンマットはかわいい紙を代用してもいい。ふだん使っているお皿やカップが人数分揃っていなくても、数さえ揃えば、ばらばらな楽しさもあります。そんなくふうを、写真のあちこちにちりばめていますから、レシピとともに、ぜひ写真の一枚いちまいを、読みといてみてくださいね。

本書でみなさまの食卓が、より楽しく、しあわせなものになりますように。

フライパン3つの食卓。

メニュー

- アサリのごはん
- 野菜のオムレツ
- 鶏のレモンクリーム煮
- ピクルスサラダ
- アイスクリームの
カラメルパイナップルぞえ

フライパン3つの食卓。

炒める、焼く、だけでなく、煮る、炊く、揚げ焼き、蒸し焼き。いろいろな調理方法で使うことができるのがフライパンです。「あつまる・つくる・食べる」の強い味方です。取り分けて食べる料理の〝大皿〟がわりに、そのまま食卓へ！　というテーマで、こんなメニューを考えました。できたてあつあつのまま出すことができますし、洗いものもひと手間省くことができます。

写真ではフライパンが3つ並んでいますけれど、同じフライパンを使い回してもだいじょうぶ。コンロがひとくちでも、メンバーが順番にキッチンに立つことで、このメニューを楽しむことができますよ。

当日に向けて、「野菜のオムレツ」「鶏のレモンクリーム煮」「アイスクリームのカラメルパイナップルぞえ」を、あつまるメンバーでチーム分けしておきます。「アサリのごはん」は下準備があるので会場となる家の人の担当に。調味料も揃え、食材の買い出しはそれぞれのチームに任せて当日を迎えましょう。

ピクルスサラダは前もってつくることができますから、前日の

夜に仕込んでおくと、味がしみておいしくなります。

担当を決めるとき、お酒を飲みたい人は前半に出す料理の担当に。お酒を飲まない人は、後半を担当するといいですよ。調理が苦手な人は、得意な人と組んで、アシスタントに徹しましょう。野菜を洗ったり、使い終わった調理器具をすぐ洗って拭いて。そんなふうに活躍してください。

味つけは、おおぜいあつまると好みが分かれるので、少し薄めにしています。テーブルには塩とこしょうを用意しておき、好みで加えてもらいましょう。塩は、海塩と岩塩など、複数あると楽しいですよ。

アサリのごはん

フライパンでつくる、
パエリアふうの炊き込みごはんです。
アサリのほかにも、
エビなどの魚介類でも代用できますよ。

材料

米……………2合
アサリ
……300g（殻つきの生で）
ベーコン……50g（スライス）
たまねぎ……………1/4コ
にんにく……………1/2片

水……………450ml
塩……………小さじ1/3
しょうゆ……………大さじ1/2
オリーブオイル
……………大さじ1/2
細ねぎ……………4本

つくりかた

1 アサリを塩水（海水と同じくらいの3〜5％の塩分［分量外］）につけ、常温で3時間ほどおき、砂抜きします。その後、塩水から取り出して、ボウルに入れ、アルミホイルでフタをして（暗くして）30分ほどおきます。お米は、といで、ザルに20分上げておきます。

2 具の下ごしらえをします。
- ベーコンを5ミリに切っておきます。
- たまねぎは粗みじんに刻みます。
- にんにくをみじん切りにします。
- 細ねぎを小口切りにします。

3 フライパンに、にんにくとオリーブオイルを入れ、中火にかけて、香りが立ったらたまねぎを入れ、透き通るまで炒めます。そのあと、ベーコンを入れます。

4 ベーコンから脂が出るまで炒めたら、しょうゆを加えてひと混ぜし、米を加えて軽く炒めます。

5 水と塩を加えて、沸騰したらアサリを入れ、フタをします。アルミホイルでもいいですし、薄手のかんたんなフタでも（ぴったりしているようなら、すこしずらしておきます）。強めの弱火で15〜17分炊き、水分がなくなったら火を止めて10分蒸らします。

6 細ねぎをちらして、どうぞ。

野菜のオムレツ

ごろごろと入った野菜の食感が楽しい
スペイン風のオムレツです。
野菜は、じゃがいも、きのこなどを
かわりに入れてもいいですね。

材料

- ブロッコリー……………½コ
- アスパラガス……………4本
- たまねぎ……………½コ
- かぼちゃ………⅛コ（約100g）
- 卵……………4コ
- パルメザンチーズ……おろして大さじ2～3
- 塩……………小さじ⅓～½
- こしょう……………適量
- オリーブオイル……大さじ½

パプリカとトマトのソース

- 赤パプリカ……………1コ
- トマト……………2コ
- オリーブオイル……………大さじ½
- 塩……………少々

つくりかた

1 ソースをつくります。赤パプリカの種を取り、2センチの長さの細切りにします。トマトは、湯むきして、1センチ角に切ります。鍋にオリーブオイルをひいて、パプリカを炒めます。続いてトマトを入れてさらに炒め、塩少々を入れて味をととのえます。

2 具の野菜を準備します。

- ブロッコリーは食べやすく小房に分けておきます。
- アスパラガスは硬いところの皮をむいて、1.5センチに切ります。
- たまねぎはくし形に切ります。
- かぼちゃは1.5センチ角に切り、下ゆでしておきます（電子レンジで加熱してもいいですよ）。

3 まずオムレツの片面を焼きます。ボウルに卵を割り入れ、パルメザンチーズ、塩、こしょうを加えて混ぜてから、2の野菜を入れてさっと混ぜます。強火で熱したフライパンにオリーブオイルをひいて、卵液を注ぎます。大きくかき混ぜて、半熟になったらフタをして、弱火にして3～4分焼きます。

4 いったんお皿に受けてフライパンにひっくり返し、もう片面を焼きます。火が通るまで、フタをして、弱火で3～4分です。

5 フライパンごとテーブルに出し、切り分けて、1のソースをかけてどうぞ。

鶏のレモンクリーム煮

煮るといっても、ことこと長時間煮込むのではなく、
さっとつくることができるレシピです。
濃厚なクリームに、さっぱりとしたレモンの風味の、
ちょっと大人っぽい味。
おおぜいあつまるので、
もも肉とむね肉をミックスしましたが、
お好みで、どちらかいっぽうでもだいじょうぶです。

材料

鶏のもも肉……2枚(500g)
鶏のむね肉……1枚(200g)
マッシュルーム……6〜8コ
しめじ……1パック
たまねぎ……¼コ
にんにく……½片
生クリーム……200㎖
バター……10g
油……大さじ½
塩……肉用は適量、ソース用は小さじ½
こしょう……適量
タイム……2〜3枝
薄力粉……適量
レモン汁……大さじ½
白ワイン……50㎖
粒マスタード……お好みで

つくりかた

1 野菜を準備します。

・にんにくをみじん切りにします。
・たまねぎを粗みじんに切ります。
・マッシュルームを半分に切ります。
・しめじを小房に分けます。

2 鶏のもも肉とむね肉の、それぞれ余分な脂、血のかたまりなどを取り除きます。1枚を4〜6等分に同じ大きさになるように切り、塩・こしょうをふって、薄力粉をまぶしておきます。

3 熱したフライパンに油をひき、肉を皮側から並べます。フタをして中火にし、3〜4分焼き、焦げ目がついたら裏返して軽く焼き、取り出しておきます。フライパンに脂が残っていたら、キッチンペーパーで吸い取ります。

4 同じフライパンにバター、にんにく、たまねぎ、マッシュルーム、しめじを入れ、中火で炒めます。全体に油がまわったら、白ワインを加えます。

5 きのこ類がしんなりしたら、生クリーム、塩（ソース用）、こしょう、タイムを加え、鶏肉をフライパンに戻して、混ぜながら3〜4分煮ます。

6 レモン汁をまわしかけ、さっと混ぜたらできあがり。お好みで粒マスタードをそえてどうぞ。

ピクルスサラダ

当日ではなく、前日に準備しておくレシピです。
長く保存するものではないので、
早めに食べ切ってくださいね。

材料

セロリ……1本
かぶ……3コ
にんじん……½コ
きゅうり……1本
黄パプリカ……½コ

A
酢……大さじ2
水……大さじ1
塩……小さじ½
砂糖……ひとつまみ
ローリエ……1枚

こしょう……少々
オリーブオイル……少々

つくりかた

1 野菜を切ります。

・にんじん、きゅうり、筋を取ったセロリ、黄パプリカを長さを揃えて拍子木切りにします。

・かぶはくし形に切ります。

2 フライパンに材料Aと、にんじん、かぶを入れ、火にかけます。沸騰したら中火にし、ほかの野菜を加え、さっと混ぜたらフタをします。

3 2分たったら火を止め、フタを少しずらしておきます。

4 粗熱が取れたら、味をみて、塩 [分量外]、こしょう、オリーブオイルをかけます。

5 常温でしばらく味をなじませます。冷蔵庫で冷やしてもいいですよ。

アイスクリームのカラメルパイナップルぞえ

デザートも、フライパンでつくります。
あつあつのカラメルをからめたパイナップルを、
アイスクリームといっしょに、どうぞ。

材料

バニラアイスクリーム
……………お好みの量
パイナップル……………1/4コ
グラニュー糖………大さじ3
水……………大さじ1と1/2

つくりかた

1 パイナップルの皮をむき、芯を取り、食べやすい大きさに切ります。

2 フライパンに水とグラニュー糖を入れて強火にかけます。

3 茶色になってきたら、パイナップルを入れて、火を弱め、カラメルを全体にからめてなじませます。

4 アイスクリームを器に盛り、パイナップルをそえます。フライパンに残ったカラメルをかけてできあがりです。

おいしさのコツ 1

鶏の脂を、しっかり取る。

鶏肉をおいしく調理するコツは、余分な脂や血のかたまりなどを、ていねいに取り除いておくこと。そのあたりは、冷めると固まって、まずくなってしまいますから。ちなみに、この作業には、よく研いだペティナイフが便利ですよ。

ちいさな「筋」や、血のかたまりなども取り除いておきましょう。

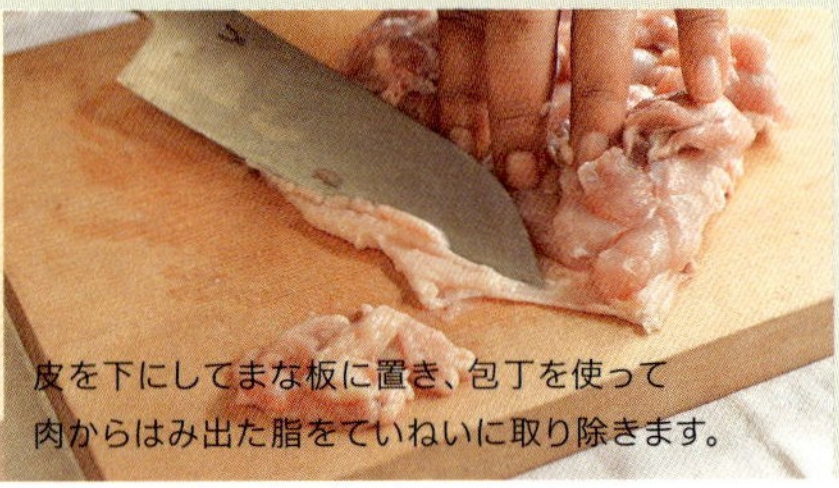

皮を下にしてまな板に置き、包丁を使って肉からはみ出た脂をていねいに取り除きます。

持ちより女子会。

メニュー

- 豚肉蒸し
- マグロの和風カルパッチョ
- じゃがいもチーズパン
- なすのトマト煮
- じゃがいものだし煮
- 大豆煮
- つけもののサラダ

持ちより女子会。

年齢を超えて、仲良しの女性たちで、気取らず、かしこまらずに、ゴハンとお酒とおしゃべりを楽しむ会。料理は参加者がそれぞれつくって、持ちよるスタイルです。和洋中、そしてエスニックと、調理のスタイルはさまざまですが、事前に持ちよるものを振り分けて、魚、豆、肉、野菜、パンと、素材がなるべくかぶらないようにしています。揚げものや炒めものがないので、ヘルシーな食事会になりそうです。

あつあつで食べたい「豚肉蒸し」は、場所を提供する家の人がつくります。包丁づかいの得意な人は「マグロの和風カルパッチョ」、すこし時間のかかる「大豆煮」は、前日に時間の余裕のある人に調理をお願いしましょう。パンづくりや粉ものが好きな人には「じゃがいもチーズパン」を。これは、生地を仕込んできてもらい、みんながあつまってからフライパンで調理し、焼きたてを楽しみましょう。

このメニューにかぎらず、持ちよりのときには、なにかひとつテーマを決めるのもいいですね。たとえば「旅先で食べたおいし

いもの」と決めて、あとは「あっさり」「こってり」、「クリーム」「トマト」など、味がかぶらないように決めるといいですよ。

食器やテーブルクロスも、「持ちより」で。なかには、鍋ごと、容器ごと食卓へ、というひとがいてもいいですよね。クロスは、テーブルを覆う大きい布がないことが多いので、「大きさを気にせず、かわいい布を、それぞれ持って来てね」と集めましょう。組み合わせてひとつのクロスのようにしてくださいね。

豚肉蒸し

ひと晩味をなじませてから蒸すメインディッシュです。
あたたかいうちにぜひ食べたい一品。
お肉の厚さは、お好みでどうぞ。
ソースは、梅肉の酸味がポイントです。
たまねぎは、斜めうす切りの長ねぎにしてもいいですよ。
ちなみに本書には梅干しを使ったレシピが
いくつか出てきますが、わたしが使っているのは、
塩分が13〜15%、重さは種を含めて1粒16〜20gのものです。

材料

豚肩ロース……1かたまり（約400g）
塩……大さじ½
こしょう……適量
たまねぎ……½コ
梅干し……1コ（約20g）
昆布……切手サイズ2枚

つくりかた

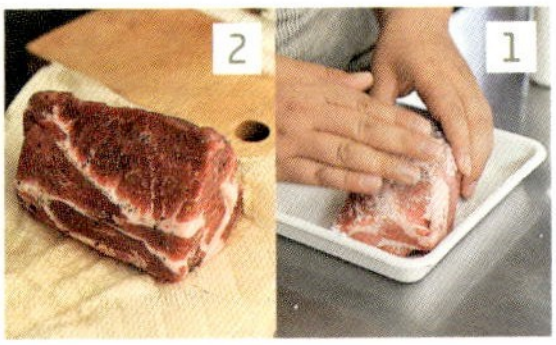

1 豚肉のかたまりに手で塩をすりこみ、こしょうをふります。ビニール袋に入れ、空気をできるだけ抜いて口を閉じ、冷蔵庫でひと晩なじませます。

2 調理の20～30分ほど前に豚肉を冷蔵庫から出し、常温にしておきます。
水分をキッチンペーパーで取ります。

3 たまねぎを5ミリのスライスにします。梅干しは種を外して、粗く刻んでおきましょう。

4 アルミホイルに昆布をしき、上にたまねぎ、豚肉をのせます。蒸したときに肉汁がこぼれないように、ぴったりとアルミホイルで包みます。

5 蒸気の上がった蒸し器に**4**を入れ、40～50分、蒸します。火を止めて、そのまま10分おいておきます。

6 アルミホイルを静かに開き、たまった肉汁とたまねぎを器にあけ、昆布と浮いた脂を取り除きます。肉汁が多ければ、たまねぎが浸るくらいまでに減らします。
そこへ、刻んだ梅肉を混ぜます（これがソースになります）。

7 肉を取り出して薄く切り、皿に盛ります。上からソースをかけてできあがりです。

マグロの和風カルパッチョ

サクで買ってきたマグロを薄切りにし、
みそダレとオリーブオイルで
「和＋伊」のカルパッチョに。
ビール、日本酒、焼酎、ワイン……
いろんなお酒に合う味なんですよ。

材料

マグロ……1サク（約170g）
みょうが……お好みで、たっぷり
オリーブオイル……少々

みそダレ

みそ……大さじ1
水……大さじ1
すりおろしにんにく……1/2片分

つくりかた

1 みそダレを合わせておきます。水の量は、タレとしてかけられるくらいのやわらかさで加減してください。水が多めでも、だいじょうぶですよ。

2 みょうがを刻み（せん切りにしてから、みじん切りにします）、水にさらしておきます。

3 マグロをそぎ切りにします。厚さは、お好みで。

4 盛りつけたマグロに、みそダレをかけて、水気を切ったみょうがをちらし、オリーブオイルをさっとかけてできあがりです。

じゃがいもチーズパン

醗酵させずにつくる、おかずパン。
ロシアで食べたグルジア料理がヒントです。
オーブンを使わず、フライパンで焼きます。

材料

生地（直径約16㎝ 3枚分）

薄力粉……220g
ベーキングパウダー……小さじ1
プレーンヨーグルト（無糖）……120g
溶き卵……½コ分
バター……20g
塩……ふたつまみ

具

じゃがいも……1コ（約150g）
溶き卵……½コ分
チーズ（ゴーダ、レッドチェダーなど）……150〜200g
アンチョビ……3本

バター……5g

つくりかた

1 生地をつくります。常温にしたバターをボウルに入れ、泡立て器やへらなどでクリーム状になるまで混ぜ、ヨーグルトと溶き卵を加え、一体化するまでよく混ぜます。

2 薄力粉、ベーキングパウダー、塩を加えて、3分ほどこねます。全体がなめらかになったら、ひとまとめにして、ラップをかけて、常温で20分ほどおきます。

3 具をつくります。じゃがいもの皮をむき、鍋に湯を沸かし、4等分に切ってゆでます。やわらかくなったら、湯を切って、軽くつぶし、熱いうちに溶き卵、刻んだチーズを$\frac{1}{3}$の量加え、なめらかになるまでつぶします。

4 生地と具、残りのチーズを、それぞれ3等分します。クッキングシートの上で生地を丸くのばし、ひとまとめにした具と、チーズ、細かく刻んだアンチョビを1枚につき1本、手でちぎってのせます。

5 包みます。つなぎ目が厚くならないよう注意します。

6 上にクッキングシートをのせて、めん棒で厚さ1センチくらいになるまで、丸くのばします。

7 フライパンにバターを入れ中火で加熱し、溶けたら生地を1枚ずつ入れます。フタをして、両面を各4～5分、弱めの中火で焼いてできあがりです。

なすのトマト煮

野菜がたっぷり食べられる、
イタリア風のおそうざいです。
つくりおきしておくと、便利ですよ。

材料

なす……………5〜6本
トマト……………2コ
にんにく……………1片
オリーブオイル……………大さじ3〜4
塩……………小さじ⅔
こしょう……………少々

つくりかた

1 なすはヘタを取り、タテ半分に切って、格子状に隠し包丁を入れ、塩［分量外］をふります。そのまま5〜10分ほどおき、水分が出たら、キッチンペーパーでふき取ります。

2 トマトを角切りに、にんにくはタテ半分に切って、芯を取り、包丁でつぶしておきます。

3 オリーブオイルをひき、切り口を下にして、中火でなすを焼きます。きつね色に焼き目がついたら、トマト、にんにく、塩、こしょうを加え、フタをして10分煮ます。フタをとり、5〜7分さらに煮て、水分を少しとばします。

4 粗熱が取れたら、冷蔵庫で冷やして食べてもおいしいですよ。

じゃがいものだし煮

和風のだしで煮たじゃがいもに、
バターをおとしました。
つゆだくで、あつあつのところをどうぞ。

材料

じゃがいも……………4コ
だし汁（かつおぶしと昆布）
…………………1000㎖
*P42参照
塩……………小さじ1と½
細ねぎ………………5本
バター………………適量

つくりかた

1 じゃがいもの皮をむき、半分に切って、水にさらします。

2 鍋に、だし汁、塩、水気を切ったじゃがいもを入れて、沸騰したら弱火にし、フタを少しずらしてのせ、約20分ことこと煮ます。

3 細ねぎを小口切りにしておきます。

4 じゃがいもがやわらかくなったら、器に盛り、バターをのせ、細ねぎをちらしてできあがりです。

大豆煮

見た目は地味ですが、テーブルに出すと「やめられない、とまらない」となる、かんたんでおいしい一品。前日から準備をしておきましょう。

材料

大豆（乾）……200g
水（もどし汁と合わせて）……1500㎖
塩……大さじ1

つくりかた

1 さっと洗った大豆を、たっぷりの水にひと晩つけます。

2 もどした大豆と汁を分け、もどし汁と水を足して1500ミリリットルになるようにします。

3 鍋に大豆、汁、塩を加えて火にかけ、沸騰したらアクを取り、フタをし、弱火にして、ことこと約40分から1時間ゆでます。

4 つまんでみてやわらかくなったらザルに上げ、塩少々[分量外]をふり、なじませます。

つけものサラダ

しゃきしゃきした高菜と、
かりっとしたピーナッツや揚げ玉の風味が楽しいサラダです。
ヒントになったのは、タイで食べた、
ミャンマー料理の「茶葉のサラダ」。
それを高菜の漬物で再現してみました。
高菜の漬物がない場合は、味付けザーサイでも
おいしくつくることができますよ。

材料

キャベツ……200g
高菜の漬物……120g
干しさくらえび……5g
揚げ玉……大さじ4
香菜……適量
ピーナッツ……大さじ3〜4
油……小さじ1
ナンプラー……小さじ½

つくりかた

1 キャベツの葉を、食べやすい長さで5ミリ幅に切ります。軸の部分は同じくらいの長さで薄くスライスします。

2 高菜を細かく刻み、ピーナッツも粗く刻みます（ビニール袋に入れてたたいてもいいですよ）。

3 ボウルにキャベツを入れ、油をまぶしてよく和えて、ナンプラーを加えてさらによく和えます。

4 高菜、さくらえび、揚げ玉、香菜を加えてさっくり混ぜ、皿に盛ってから、ピーナッツをのせればできあがりです。

だしのとりかた。

昆布とかつおぶし

材料

昆布……………10㎝角1枚
かつおぶし…………15～20g
水……………………1000㎖

つくりかた

昆布を水に30分以上浸しておき、中火にかけます。
沸騰直前に昆布を取り出し、かつおぶしを入れ、
ひと煮立ちしたら火を止めます。
かつおぶしが沈んだら、濾してできあがりです。
煮物や鍋に使うときには、
すこし多めにつくっておくと便利ですよ。

昆布のみ

材料

昆布……………10㎝角1枚
水……………500〜1000㎖

つくりかた

昆布を水に30分以上浸しておき、中火にかけます。
沸騰直前に昆布を取り出してできあがり。
あるいは、昆布を水に浸し、2時間から半日おいて、
昆布を取り出すという方法でも、
じゅうぶん昆布のだしをとることができます。

いろんな手巻きずし。

メニュー

・2種類の酢めし
・牛の赤身のステーキ
・マグロのづけ
・イカのなめろう
・ゆかりひじき
・甘い卵焼き
・豆腐ディップ
・ヨーグルトクリーム
・その他の食材と薬味

いろんな手巻きずし。

いく組かの家族であつまると、大人とこどもが同じテーブルをかこみます。そんなとき、お酒を飲む人にはおつまみになり、ごはんを食べたい人も満足、そしてこどもたちも飽きずに楽しめる、そんなあつまりのためのメニューを考えました。楽しく迷って、おいしく食べられるよう、たくさんの具を用意しています。

テーブルに食材を出したままにするので、表面が乾いてしまわないよう、マグロは刺身ではなく「づけ」に。おいしい海苔も、湿気ないようにフタ付きの容器に入れています。

ごはんは、ふつうの酢めしのほかに、ごま油を使った、お酢がひかえめのものも。また、薄切りのパンも用意して、具との組み合わせが楽しめるようにしています。

具には、ふつうなら「手巻き」にはしないような、牛の赤身のステーキや、フルーツ、甘い卵焼やヨーグルトクリームも。フルーツは、グラスに入れておくと、スペースをとらず、空気に触れる面が少ないので、乾燥・変色にしにくいのです。こんなふうに甘いものも最初から用意しておくと、こどもたちが飽きずに楽しめます。

薬味もたっぷり。キムチは辛みとうまみ、たくあんは食感と塩気、くるみは食感とコクをプラスします。たたいた梅肉も、アクセントになりますよね。こんなふうにいろいろ並べておくと、「こうしてみた！」「じゃあ、この組み合わせは？」「冒険しちゃおうかな」なんて、会話もはずみそうです。

酢めしは会場を提供する人が、ちょっと早めに準備。そのほかのメニューは、分担を決めてつくって持ち寄ってもいいですし、材料を買うところからお願いして、会場となる家でつくっても。切ったり合わせたりするレシピが多いので、比較的調理はかんたんなのですが、それでも苦手な人は「買い出し担当」「飲みもの担当」「葉物野菜を洗って水を切る担当」など、仕事を振り分けてくださいね。

テーブルの上は、ちらかることを考えて、クロスをひかずに、かわいい紙をランチョンマットにしています。

2種類の酢めし

ふつうの酢めしに白ごまを加えた[A]、
お酢をひかえめにしてごま油を入れた[B]。
食卓に出したままにしておくと、乾きがちになるので、
どちらも「かため」ではなく、ふつうに炊きます。

材料

米……5合（まとめて炊いてから半分ずつに味つけします）
酒……大さじ2
昆布……1枚（5㎝×5㎝）
水……適量

A
酢……大さじ4
塩……小さじ1弱
砂糖……大さじ½
白ごま……大さじ½

B
酢……大さじ2
塩……小さじ1弱
ごま油……小さじ1

つくりかた

1 米をとぎ、15分浸水させ、ザルに上げて20分おきます。炊飯器に米、酒、昆布を入れて通常の水加減で炊きます。

2 材料Aの酢と塩と砂糖、Bの酢と塩をそれぞれ合わせておきます(白ごまやごま油は最後に入れます)。

3 大きめのボウルに炊き上がったごはんの半分を入れ、Aの酢と塩と砂糖を混ぜたものを入れ、うちわであおぎながら混ぜます。白ごまを加えさっくり混ぜます。

4 3の酢めしを器に盛り、同じボウルに残り半分のごはんを入れ、Bの酢と塩を混ぜたものを加え、Aと同様にうちわであおぎながら混ぜます。ごま油を加えさっくりと混ぜます。

牛の赤身のステーキ

脂身の少ない部位を、下味をつけずに焼きます。
塩とこしょうだけのシンプルな味つけですが、
ごはんにも、パンにも、
またそのままお酒のつまみにもなる一品です。

材料

牛肉（ランプ、ももなどの赤身で、3㎝の厚みのかたまり肉）……約450g
油……適量
塩・こしょう……適量
ごま油……お好みで

つくりかた

1 肉を冷蔵庫から出し、常温に30分おきます。フライパンを熱し油をうすくひき、強火で片面を30秒ずつ焼きます。

2 トングで肉をしっかりはさみ、側面も焼きます。

3 弱火にし、片面3分ずつ焼き、火を止め、フタをして10分おきます。

4 スライスし、塩・こしょうをふってどうぞ。お好みで、ごま油と塩を合わせたタレをつけても。

マグロのづけ

お刺身そのままだと、
テーブルの上で乾いてしまうので、「づけ」に。
ごまを入れて、風味ゆたかに仕上げます。

材料

マグロ……1サク（約200g）
しょうゆ……大さじ2
酒……大さじ1
みりん……大さじ½
白ごま……大さじ2
（または白すりごま）
わさび……お好みで

つくりかた

1 すり鉢に白ごまを入れ、すりながら、しょうゆ、酒、みりんを加えます。酒とみりんは合わせて煮切ってもいいですよ。

2 マグロを食べやすい大きさに切って、1で和えます。お好みでわさびをそえてどうぞ。

イカのなめろう

青魚とみそと薬味をたたいてつくる「なめろう」を、イカでつくってみました。

材料

イカ……刺身用のもの1ぱい（正味約250g）
長ねぎ……10cm
みそ……大さじ1（イカの大きさや、みその塩分によって調節する）
酢……少々

つくりかた

1 イカの胴体からゲソを引き抜き、内臓、骨を取ります。胴体、エンペラは皮をむき、ゲソは内臓を切り離し、目玉と口を取り除きます。ゲソの大きい吸盤は、包丁で切り落とします。長ねぎは、みじん切りにしておきます。

2 まな板の上で胴体、エンペラ、ゲソを粗くみじん切りにし、ある程度細かくなってきたら、包丁でたたくように切ります。途中でみそ、長ねぎを加えて、たたきながら混ぜ、最後に酢少々を加えさっくりと和えます。

ゆかりひじき

もどしたひじきを炒って、市販のゆかりで味つけします。しそ風味のひじき、意外なおいしさですよ。
調理道具はフッ素樹脂加工のフライパンのみです。

材料

芽ひじき（乾燥）…………25g
ゆかり…………小さじ2～3
（ゆかりの塩分によって調節する）
みりん…………小さじ1
黒ごま…………大さじ1

つくりかた

1 ひじきをさっと洗い、たっぷりの水でもどします（約10分）。

2 フライパンに水を切ったひじきを入れ、中火で水分をとばすように炒ります。

3 2〜3分したら、ゆかりの半量を入れ、ほとんど水分がなくなったら、みりんと残りのゆかりを加えます（ゆかりは味をみながら入れましょう）。黒ごまをふってできあがりです。

甘い卵焼き

甘い卵焼きです。
ごはんにも合いますが、
ヨーグルトクリーム（P61参照）といっしょに
パンにはさんでみてくださいね。
（カスタードクリームみたいな風味になるんです。）

材料

卵……3コ
牛乳……大さじ2
砂糖……大さじ1
塩……小さじ1/3
油……適量

つくりかた

1 卵に、牛乳、砂糖、塩を加えてよく混ぜます。

2 熱したフライパンに油をひき、卵液の半量を流し入れ、ざっと混ぜ、半熟になったら奥から手前に3つに折ります。卵を奥に移し、残りの卵液の半分を手前に流し入れ、奥の卵焼きの下にも卵液を入れこむようにし、奥から手前に3つに折ります。残りの卵液も同様に焼きます。

3 食べやすい大きさに切って、できあがりです。

豆腐ディップ

お肉にも、お魚にも、野菜にも合うディップです。
パンにつけて食べるのもおすすめ。

材料

絹ごし豆腐……½丁（150g）
マヨネーズ……大さじ3～4
塩……小さじ½弱
オリーブオイル……大さじ½
黒こしょう……少々

つくりかた

1 豆腐をボウルに入れ、スプーンなどでつぶし、なめらかにします。

2 マヨネーズ、塩、オリーブオイル、黒こしょうを加えて混ぜればできあがりです。

ヨーグルトクリーム

ホイップした生クリームに、
プレーンヨーグルトを混ぜました。
あっさりしていて、おいしいんですよ。
フルーツや卵焼きといっしょに
パンにのせて、どうぞ。

材料

生クリーム……200㎖　砂糖……大さじ1と½
プレーンヨーグルト（無糖）……50g

つくりかた

1 ボウルに生クリーム、砂糖を入れ氷水にあてながらホイップします。
2 六分たてぐらいになったらヨーグルトを加え、しっかりホイップします。

その他の食材と薬味

手巻きずしに合ういろいろな食材と薬味を紹介します。お好みで、いろいろ試してみてくださいね。

海苔
おいしい焼き海苔を用意しました。1枚を4等分にして、湿気ないよう、フタつきの容器に入れておきましょう。

食パン
パン屋さんで、1斤を12枚（サンドイッチ用）にスライスしてもらいました（厚すぎると、巻きづらいので）。耳は、お好みで、そのままでも、切り落としてもいいですよ。

野菜スティック
セロリ、にんじん、きゅうりです。セロリは筋を取り、にんじんは皮をむき、きゅうりはそのまま、いずれもスティック状に切ります。グラスなどに立てて並べると、テーブルでじゃまになりません。

グリーンカール
やわらかくて苦味の少ないレタスの種類です。水で洗い、芯を取り、水気をよく切ります。

いろんな葉っぱ
香菜、大葉、えごま、クレソンです。香菜は粗く刻みます。大葉とえごまは、洗って水気をよく切ります。

アボカド
半分に切れ目を入れて2つに割り、種を取ってから、皮をむき、5㎜のスライスにします。変色するので最後に（食べる直前に）切りましょう。

フルーツ
いちご、パイナップル、バナナです。いちごはヘタを取り、タテ半分に切ります。パイナップルとバナナは皮をむき、食べやすい大きさに切っておきます。ほかにもお好みでどうぞ。

たくあん
タテ4等分にしてからスライスします。

キムチ
食べやすい大きさに切っておきます。

梅肉
梅干しの種を取り除き、たたいておきます。

納豆
付属のタレ、からしをお好みで入れて混ぜておきます。

くるみ
ざっくりと刻んでおきましょう。

あんこ
市販品でも、『LIFE』1巻の「おはぎ」のレシピで手づくりしても。パンといっしょに、ヨーグルトクリーム（P61参照）やフルーツと合わせてどうぞ。

大人のおうちバーベキュー。

メニュー
・スペアリブ
・おしょうゆベースのタレ
・イサキのホイル焼き
・エスニックソース
・マッシュルームの
エスカルゴ風
・チーズ3種焼き
・コーン焼き
・その他、焼き野菜など

大人のおうちバーベキュー。

家のベランダや庭を使った、大人のあつまるバーベキューです。道具や食材を遠くまで持って行く必要がないので、食器は、ふだん通りのものを使います。コップ類も、ちゃんとガラスで。そしてテーブルにはクロスを敷き、花やグリーンも飾ります。こういうことって、屋外のバーベキューだと、なかなかできないですものね。

材料は、ちょっと奮発。牛肉は、焼き肉用と、ステーキ用を、下味をつけずに焼いてから、付けダレでいただきます。いっぽう、豚肉のスペアリブは、タレで下味をつけています。

付けダレは2種類。青とうがらしやにんにくの入ったおしょうゆベースのタレと、香菜の入ったナンプラーベースのエスニックなタレを用意します。

ほかにもマッシュルームをエスカルゴ風に焼いたり、チーズを3種いっしょにとろとろになるまで加熱して、炭火で焼いたパンやじゃがいもにつけたり。エスニックソースでホイル焼きにした魚、干物、厚揚げなども大人っぽい食材です。いずれもお酒に合うものばかりですよ。

そして、かならず必要なのが「火熾（おこ）し係」。炭を仕入れるところから担当し、ちょっと早めに来て、火を熾しておく係です。バーベキュー中も、火加減の調整を担当します。

そして、「タレとお肉」「野菜」「ホイル焼き」「飲み物」などを分けて、当日は「火を入れるだけ」の状態になるよう、あらかじめ準備をしてきてもらうと、らくちん。タレは前日に準備するのでご注意を。ホイル焼きの道具は、冷凍うどんのアルミ鍋を使い回したり、100円ショップで売っているような底の深いアルミのお皿を活用すると便利です。

スペアリブ

前日、あるいは当日の朝から仕込んで、
味をなじませておきましょう。
おしょうゆベースのタレに、
オイスターソースなどをプラスするとよりコクが出ます。
鶏の手羽先などを漬け込んでも、おいしいですよ。

材料

豚スペアリブ……1kg
塩……少々
おしょうゆベースのタレ……大さじ4

つくりかた

1 スペアリブに塩をして、ビニール袋に入れ、タレを合わせます。

2 空気を抜きます。大きめのボウルに水を張り、水が入らないようにビニール袋を浸すと、抜きやすいですよ。

3 封をして、冷蔵庫で味をなじませておきます。焦げないように、じっくり焼いてくださいね。

おしょうゆベースのタレ

スペアリブの下味に、そして、お肉や野菜のつけダレに。
前日につくって、ひと晩味をなじませておきましょう。
青とうがらしがなければたかのつめ、
酢はかんきつ系果汁にしてもさわやかです。

材料

しょうゆ……100ml
みりん……50ml
酒……50ml
酢……大さじ1
青とうがらし……2～3本
にんにく……2片

つくりかた

1 にんにくを、繊維をたち切るようにスライスし、耐熱容器に入れます。

2 鍋に酒とみりんを入れて、沸騰させ、アルコール分をとばし、1にそそぎます。

3 しょうゆ、刻んだ青とうがらしを入れ、最後に酢を加え、ひと晩おいておきます。

イサキのホイル焼き

ナンプラーと香菜がたっぷりのエスニックソースで食べるホイル焼き。イサキでなくても、いろいろな白身魚や、鯖などの青魚でもおいしいですよ。

材料

イサキ……1尾（内臓は取る）
セロリ……½本
酒……大さじ1
塩……少々
レモングラス……1本
エスニックソース……適量
香菜の葉……適量

つくりかた

1 セロリとレモングラスを5センチの長さの斜めスライスにします。セロリの葉もザクザク切ります。

2 イサキのエラから尾に向かって横に切り目を入れ、塩をします。レモングラスをちらしたアルミホイルの上において、おなかにセロリとセロリの葉をつめます。葉は少し残しておきます。

3 残ったセロリの葉をちらし、酒をかけます。

4 アルミホイルで密封し、網の上で焼きます。

5 火が通ったらエスニックソースをかけ、香菜の葉をちらしてできあがりです。

エスニックソース

レモンやナンプラーを使った、エスニック風味のソースです。魚のホイル焼き用と、お肉の付けダレの兼用です。

材料

ナンプラー……大さじ4
レモン汁……大さじ4
砂糖……大さじ2
香菜の茎と根……適量

つくりかた

1 香菜の茎と根を細かく刻みます。

2 容器に、レモン汁、ナンプラー、砂糖と1を合わせれば、できあがりです。

マッシュルームのエスカルゴ風

ガーリックバターを使って、エスカルゴ風に焼き上げたマッシュルームです。アルミ皿にのせ、アルミホイルで包み焼きにするので、ジューシーに、ふっくら仕上がります。パンをそえてどうぞ。

材料

マッシュルーム……2パック
すりおろしにんにく……小さじ½
バター……30g
アンチョビ……3枚
パセリ……刻んで大さじ1

つくりかた

1 室温にもどしたバター、にんにく、刻んだアンチョビとパセリを、ボウルで練ります。

2 1 をアルミ皿に、ひろげるように塗ります。

3 タテ半分に切ったマッシュルームをのせます。

4 アルミホイルで包んで、直火にかけます。バターが溶けて、ぐつぐつ煮えればできあがりです。

チーズ3種焼き

風味の異なる3つのチーズを、とろとろになるまで蒸し焼きにします。今回はブルーチーズ、ラクレット、ウオッシュタイプの白かびチーズを使いましたが、お好みのチーズで組み合わせを楽しんでくださいね。

材料

チーズ……お好みの3種類をあわせて250g

つくりかた

1 アルミ皿に、粗く刻んだチーズをのせます。

2 上からアルミホイルで包み、直火にかけます。とろりと溶ければ、できあがりです。じゃがいもやバゲットを焼いて、チーズをつけてどうぞ。

コーン焼き

バーベキューというと、まるのままのトウモロコシを焼く、
というイメージがありますが、
これは、はじめから粒々にして加熱するレシピ。
アルミホイルの包み焼きなので、ふっくら仕上がりますよ。
スプーンですくって、おめしあがりください。

材料

トウモロコシ……………2本
オリーブオイル……大さじ½
塩……………ひとつまみ

つくりかた

1 トウモロコシの皮をむいて、包丁で実をそぎ落とし、粒々にします。
2 アルミ皿にのせ、塩とオリーブオイルをかけます。
3 上からアルミホイルで包み、直火にかけます。頃合いをみて、ひと粒かじってみて、火の通り具合を確認してくださいね。

その他、焼き野菜など

炭火で焼くと、いろいろな食材をおいしく食べることができます。彩りがきれいで、食べやすいものを、ということで、こんな食材をあつめました。

ズッキーニ、パプリカを大きめに切ります。

エリンギは石づきを取り、根元からタテにすこし包丁を入れ、手でさいておきます。

じゃがいもは、ゆでて、大きめにカットし、アルミホイルで包んでおきます。

アスパラガスは、根元を落とし、$\frac{1}{2}$ほど、硬い皮をむいておきます。

パンは食べやすい大きさに切っておきます。

干物はそのままでだいじょうぶです。

厚揚げは、食べやすい大きさに切ります。

ママたちのお茶会。

メニュー

・ボストック
・コーンカスタードサンド
・プルーンサンドイッチ
・バルサミコソース パルフェ
・ホットアップルジュース
・ミント緑茶

ママたちのお茶会。

〝ママ友〟があつまって、昼間におしゃべりする会を想定しました。ひとりがつくっても、みんなで持ちよってもいいメニューをあつめています。

甘い系の軽食とおいしい飲み物が食卓のテーマ。飲み物は「いつものコーヒーや紅茶」ではなく、ちょっと驚きのあるもの。軽食は、話をしながら手軽につまめるフィンガーフードが中心です。

とくべつな食器は使いませんが、足がついてちょっと高くなっているケーキの台があったらいいなと、ふつうのお皿に、ボウルをひっくり返して両面テープで付けたものを使いました。のせているものは軽いのでひっくり返りはしませんが、手で持つとはがれてしまうので、最初に「これ、実はね……」と話題にするといいかもしれませんね。

「ボストック」は、もしかしたらなじみがうすいお菓子でしょうか。もともとはフランスのもので、パンにアーモンドプードルと卵とバターを混ぜたものを塗って焼く、朝ごはんでよく食べられるもの。わたしがこどもの頃、近くのパン屋さんに、ボストックの

とてもおいしい店があり、買ってもらって食べるのが楽しみでした。ほんらいはブリオッシュでつくるものですが、ここではバゲットを使い、トースターで焼く、かんたんバージョンです。

「プルーンサンドイッチ」は、とてもシンプルですが意外なおいしさ。鉄分の補給にもなります。「コーンカスタードサンド」に乳製品を使ったので、プルーンのほうはシンプルな味つけですが、サワークリームかクリームチーズを混ぜてもおいしいです。

飲み物は、フレッシュミントを入れたティーポットに、緑茶を濾しながら入れる「ミント緑茶」と、「ホットアップルジュース」です。ホットアップルには、シナモンやクローブ、しょうがなどを入れて、「なに、これ？　あたたまるね！」と驚きながら、会話がひろがる、そんなイメージでつくりました。

ボストック

アーモンドの香ばしさがうれしい、
パンを使った焼き菓子風のトーストです。
今回はバナナを入れてみました。
メープルシロップにラム酒やブランデーで
香りづけをすると、
より大人っぽい味になりますよ。

材料

- バゲット……½本
- バナナ……1本
- くるみ……30〜40g
- バター……30g
  （常温にもどしておく）
- 砂糖……30g
- アーモンドプードル……50g
- 卵……1コ
- メープルシロップ……大さじ½

つくりかた

1 ボウルにバター、砂糖、アーモンドプードル、卵、メープルシロップを入れてなめらかになるまで混ぜます。

2 バナナは、5ミリのスライスに（もっと厚めでも）。くるみは粗く刻みます。

3 1センチの厚さに切ったバゲットに、バナナ、くるみをのせ、1をかけ、きつね色になるまでトースターで焼きます。750ワットで5～6分ですが、とくに下面が焦げやすいので、附属のトレイにアルミホイルを敷くなどしてください。

コーンカスタードサンド

カスタードのおいしさと、
コーンの香ばしさが味わえるサンドイッチ。
パンにたっぷり、ふっくら、はさんでくださいね。

材料

食パン（10枚切）……6枚
卵黄……2コ分
砂糖……30g
薄力粉……20g
コーンの缶詰（クリーム）……1缶（190g）
牛乳……150㎖
バター……5g

つくりかた

1 ボウルに卵黄、砂糖を入れてなめらかになるまで混ぜます。

2 薄力粉をふり入れて混ぜ、コーンを加えてさらに混ぜます。

3 牛乳を鍋に入れて沸騰させ、2に半量ずつ加え、その都度よく混ぜ、ぜんぶが混ざったら、鍋に戻して火にかけます。

4 沸騰するまでは強火で、泡立て器でかき混ぜます。沸騰したら、弱火にし、ゴムベラに持ち替え混ぜ続け、ヘラを鍋底にあてたとき筋が残るくらいの固さに仕上げます。

5 バットに移して冷まします。冷めたら、バターを塗ったパン2枚で$\frac{1}{3}$の量をふっくらはさんで、耳を落とし、食べやすい大きさに切ります。

プルーンサンドイッチ

甘くなりすぎないように仕上げました。
お好みでサワークリームあるいはクリームチーズを混ぜても。
そのときはプルーンの半量をめやすにしてください。

材料

食パン（10枚切）……2枚
ドライプルーン……150g
ハチミツ……小さじ1〜1と½
シナモン……お好みで

つくりかた

1 プルーンを粗く刻み、ハチミツ、シナモンを加えて混ぜます。プルーンが硬かったら、水から煮るとやわらかくなります。

2 パンにはさんで耳をおとし、食べやすい大きさ（⅙）に切ります。

バルサミコソース パルフェ

近ごろはコンビニエンスストアでも手に入る、冷凍フルーツを使いました。グラスに重ねて入れるだけのかんたんデザートです。

材料

バニラアイス
カステラ
冷凍マンゴー
冷凍ベリーミックス
チョコレート（板チョコ）……お好みで

ブルーベリージャム……大さじ2
バルサミコ酢……大さじ1

つくりかた

1 バルサミコ酢とブルーベリージャムを合わせておきます。
2 カステラを1センチ角に切り、チョコレートは粗く刻みます。
3 器に具材と1を、好みの順番で入れます。

ホットアップルジュース

「なに、これ？」と、きっとびっくりするおいしさ。
あつあつで飲むとからだがポカポカになりますよ。
氷やお水で割ったり、お酒で割ってもおいしいです。

材料

りんご100％ジュース……500㎖

スパイス
シナモンスティック……1本
カルダモン……2粒
（砕いたものでも）
クローブ……1コ
しょうがスライス……2～3枚

つくりかた

小鍋にりんごジュース、シナモンスティック、カルダモン、クローブ、しょうがスライスを入れ、沸騰したら1～2分弱火で煮ます。茶濾しで濾してどうぞ。

ミント緑茶

日本茶とミント、意外な相性のよさなんです。
あたたかいままでも、冷たくしても。

材料

緑茶
フレッシュミント

つくりかた

フレッシュミントを入れたティーポットに、淹れたての緑茶を濾しながら注ぎます。

そうめんを
とことん味わう会。

メニュー

・ジャージャー麺
・野菜のおろしダレ麺
・豆乳麺
・いんげんの香り和え
・きゅうりのごま酢和え
・にんじんの梅和え
・なすのナムル
・トッピング

そうめんをとことん味わう会。

夏においしいそうめんを、とことん味わおう！　というメニューです。そうめんは、たくさん食べようとすると、どうしても味が単調になりがち。そして栄養もかたよりがちになるので、できるだけバランスよくと考えました。豆乳でたんぱく質を、そして野菜もたっぷり盛っています。

タレは、身近な素材を使いながら、「なに、これ？」と驚きがあるようなものを考えました。韓国の豆乳冷麺をヒントに、きなこの入った「豆乳麺」。そうめん用に、さらっとした印象に仕上げた「ジャージャー麺」。「野菜のおろしダレ麺」は、ごま油とみそで香りと味をつけています。

副菜としての「和えるだけ」系の野菜料理も4品揃えました。このまま食べてもいいし、トッピングにしてもいいと思います。もちろんぜんぶつくる必要はありません。2、3種類に絞って、1品の量を増やしてもいいですよ。

トッピングには、納豆、キムチ、ゆで卵。このゆで卵がおいしいんです。料理の味がまろやかになり、かつ、コクも出ます。さらに

トッピングを増やすなら、ゆでたエビもおすすめです。

そうめんは「ゆでる」「冷やす」「盛る」、野菜や具材や、タレは「洗う」「切る」「和える」が基本ですから、今回はむずかしい調理の工程がありません。料理の得手不得手にかかわらず、立候補者をつのって、レシピごとでもいいですし、タレをつくる人、麺をゆでる人、冷やして盛りつける人、野菜を洗ったり、刻んだりして仕上げる人など、工程別の担当でもよさそうです。

なお、そうめんは、パッケージに書かれている時間より10秒早く湯から上げ、すぐに冷やすのがおいしく仕上げるコツです。

ジャージャー麺

とろみをほとんどつけずに、さらっと仕上げます。
ひき肉は、冷たい麺とからめたときに
脂が白く浮くので、
あえて脂身の少ないロースを使っています。

材料

そうめん……適量
豚ローススライス……120g
生しいたけ……3枚
紹興酒または酒……大さじ1
豆板醤……小さじ1
（辛いものが好きなら足してください）

A
甜麺醤……大さじ3
しょうゆ……大さじ1
水……200㎖
片栗粉……小さじ1

サラダ油……大さじ2
ごま油……小さじ1
細ねぎ……お好みで
しょうが……お好みで
にんにく……お好みで
山椒……お好みで

つくりかた

1 豚ロース、しいたけをみじん切りにします。しいたけが厚いときは、横にスライスしてから細かく切ります。軸は手で裂きます。

2 材料Aを合わせておきます。片栗粉は先に入れ、混ぜながら合わせていきます。

3 細ねぎは小口切り、しょうがとにんにくはすりおろします。

4 熱したフライパンにサラダ油をひき、豆板醤、紹興酒を入れ、香りが出たら肉を炒めます。火が通ったら、しいたけとしいたけの軸を加えてさらに炒め、2を加え、ひと煮立ちしたら火を止めます。

5 お好みで小口切りにした細ねぎ、すりおろしたしょうが、にんにく、山椒を添えて、ごま油をかけてできあがりです。

6 そうめんにかけてどうぞ。

野菜のおろしダレ麺

ごま油とみそのかわりに、オリーブオイルと塩でも、ごま油はそのままにして、みそを塩やしょうゆにしても、あるいはエスニック風にナンプラーもおいしいですよ。

材料

そうめん……………適量
だいこん、きゅうり、トマト、オクラなど……合わせて600g
みそ……………大さじ2〜3
塩…………………少々
ごま油……………小さじ1

つくりかた

1 野菜をすべてすりおろします。
2 みそを入れて溶かし、味をみて塩でととのえます。仕上げにごま油を加えればできあがりです。
3 そうめんにかけてどうぞ。

豆乳麺

韓国旅行で食べた豆乳冷麺をヒントに、きなこで仕上げます。
このまま単品でもいいですし、
控え目な味つけなので、キムチを足したり、
ジャージャー麺と合わせても。

材料

そうめん……適量
豆腐……200g
豆乳……100㎖
昆布だし……50㎖
＊P43参照
きなこ……大さじ½
塩……小さじ⅓〜½

つくりかた

1 そうめんと塩以外の材料をすべてミキサーに入れて混ぜ合わせます（または、すり鉢でなめらかにします）。塩は味をみながら加えてください。

2 そうめんにかけてどうぞ。

いんげんの香り和え きゅうりのごま酢和え にんじんの梅和え

材料　いんげんの香り和え

いんげん……20本（約120g）
香菜……適量
しょうゆ……小さじ1
すりおろししょうが……小さじ1
塩……少々

材料　きゅうりのごま酢和え

きゅうり……2本
塩……小さじ½
A
うすくちしょうゆ……大さじ½
酢……大さじ1
砂糖……大さじ½
白すりごま……大さじ1

材料　にんじんの梅和え

にんじん……大1本
油……小さじ1
塩……ふたつまみ
水……大さじ2
梅干し……たたいて大さじ1

つくりかた いんげんの香り和え

1 香菜を刻んでおきます。

2 いんげんを好みのやわらかさにゆで、ザルに上げ、冷めたら、3cmに切っておきます。

3 ボウルにいんげん、しょうがを入れ、しょうゆを加えて混ぜます。味をみて、塩で味をととのえ、香菜をのせればできあがりです。

つくりかた きゅうりのごま酢和え

1 きゅうりは薄い輪切りにし、塩をふって混ぜ、10分ほどおいて、水分がでたら軽く絞ります。

2 材料Aを混ぜ、きゅうりと和えて軽く絞り、ごまを混ぜればできあがりです。

つくりかた にんじんの梅和え

1 にんじんはせん切りにします。

2 フタ付きの鍋に油、にんじん、塩を加えて中火にかけ、軽く炒め、水を加えてフタをし、ときどき混ぜながら水分がなくなるまで蒸し煮にします。

3 2と梅肉を和えればできあがりです。

なすのナムル

これだけでも酒のつまみになる、
ごま油の香り高い韓国風のおそうざいです。

材料

なす……………………3本
ごま油
……小さじ1（和える用）
すりおろしにんにく
……………小さじ1/3
塩……………………少々
うすくちしょうゆ………少々

つくりかた

1 なすはところどころ皮をむき、タテ半分に切ってから斜め切りにします。

2 沸騰した湯に塩［分量外］とごま油［分量外］を加えてなすを2～3分ゆで、ザルに上げ、冷めたら軽く絞ります。

3 ボウルになす、ごま油、すりおろしにんにく、塩を加えて和え、うすくちしょうゆで味をととのえます。

トッピング

納豆……納豆を包丁でたたきます。

キムチ……食べやすく切ります。

ゆで卵……沸騰から12分ゆでて細かく刻みます。

「しょうゆ 大さじ1」をほかの調味料に置き換えると？

レシピに「しょうゆ」と書いてあるけれど、
みそや塩などで味つけをしたい、
というときがありますよね。
あるいは、塩と書いてあるのを、
しょうゆにかえたい、
ということも。
そんな時、分量をどうしたらいいのかを迷います。
製品によっても異なりますが、
おおまかに「だいたいこのくらい」
というめやすを、
このページに
まとめました。
「強」は、「さらにちょっと多め」
「弱」は、「そこからちょっと少なめ」という意味です。

1 やき塩　小さじ½弱

加熱してさらさらになっている塩。粒が細かいので、あら塩よりも少なめにします。

2 あら塩　小さじ½

海水を煮つめたしっとりした塩。粒が大きく隙間ができるので、この量で。

3 みそ　大さじ1強

計量スプーンに大盛りで、という感じ。地域によって差のある調味料なので、少なめに使い、味見をしながら足してください。

4 しょうゆ　大さじ1

いわゆる「こいくちしょうゆ」です。これを基本に比較します。

5 うすくちしょうゆ　大さじ1弱

「うすくち」という名前でも、塩分は強いのです。ひかえめにどうぞ。

6 ナンプラー　大さじ$\frac{2}{3}$

香り高い魚醤は、意外と塩辛い！ 使うときはひかえめに。

7 オイスターソース　大さじ1強

しょうゆより薄味です。独特のうまみがあります。

新米ごはんの会。

メニュー

- 鯖ごはんと切り干しだいこんの巣ごもり
- ホタテごはん
- 鯵ごはん
- 薬味
- 鶏肉のしょうゆ焼き
- しそ南蛮みそ
- 小松菜のおひたし
- かくや
- 豆腐のおすまし
- 白米

新米ごはんの会。

　新米が届く季節っていいですよね。お米屋さんにずらりといろいろな産地の、たくさんの銘柄が並ぶのを見つけるとワクワクします。ときには米どころのともだちや親戚からたっぷり送られてくることも！　また、そんな仲間から、おすそわけをいただいたりするのもまた、新米の季節ならではのよろこびです。

「じゃあ、せっかくだから、みんなで食べようよ」

「じゃあ、うちへおいで！」

　そんなふうにして、ちいさな収穫祭の気分であつまる場を想定しました。

　メニューは、炊き込みごはんが1種類、まぜごはんが2種類、さらに、白米も用意して、おかずはシンプルなものを5種類です。参加者が大勢だと、ちょっとずつ、いろんな味が食べられるのもうれしいですよね。

　分担ですが、お米の担当は、あつまる家の人が。白米はたっぷりまとめて炊いて、まず「鯖ごはん」に使い、残りを白米としていただきます。鯖ごはんの副産物である残り汁は、「切り干しだい

こんの巣ごもり」に活用します。ちなみに鯖の苦手な人が多ければ、牛肉やじゃこを使ってもおいしくできますよ。

調理器具として、土鍋やほうろう鍋を使っています。もちろん炊飯器でもおいしく炊けますが、慣れてくるとじょうずにおこげがつくれたり、水加減や火加減によって味が変化する楽しさを、いちど味わってみてください。

そのほかの料理は、担当を決めてつくりましょう。料理が苦手な人は、切って混ぜるだけの「かくや」を。「豆腐のおすまし」も、比較的かんたんです。

ごはんが残ったら、全員参加でおむすびづくりも楽しいイベントです。

鯖ごはんと切り干しだいこんの巣ごもり

焼き鯖をほぐし、骨ごと煮てだしをとり、甘辛く味をつけた身を白米と合わせる「まぜごはん」です。残り汁はとっておいて、切り干しだいこんに使います。

材料

米……2合
鯖……½尾（半身）
ごぼう……⅔本（150g）
油揚げ……1枚
水または昆布だし……300㎖
＊P43参照

A
砂糖……大さじ3
しょうゆ……大さじ3
酒……大さじ3

切り干しだいこん……30g
卵……好みの量

つくりかた

1 米をとぎ、15分浸水させてザルに上げ20分おき、水または昆布だしで炊きます。直火で炊く場合は、最初の5分は弱火、そのあと強火にし、沸騰したらふたたび弱火にして12分炊きます。最後に10秒ほど強火にしてから、火を止め、10分蒸らします。

2 鯖は塩［分量外］をふり、魚焼きグリルなどでこんがりと焼き、骨と皮を外し、身をほぐします。

3 ごぼうをささがきに、油揚げはペーパーで油を取り、細く切っておきます。

4 鍋に水と鯖の骨を入れ、沸騰させてから弱火にして5分煮て、だしをとり、骨を取り出します。

5 **4**の鍋に材料A、鯖の身、ごぼう、油揚げを入れ、おとしブタをして中火で10分煮ます。

6 炊き上がったご飯に、**5**の具をあみじゃくしなどですくって、混ぜます。

7 **6**で残った汁に、水でもどして絞った切り干しだいこんを入れ、ひたひたになるくらいまで水を足して、5～10分ほど煮ます。切り干しだいこんが好みのやわらかさになったら、卵を割り入れて、軽くフタ（アルミホイルでも）をして2分ほど卵に火を通します。

ホタテごはん

缶詰を使った炊き込みごはんです。
バターを最後に加えることでちょっとだけ洋風に。

材料

米……2合
昆布……5cm角1枚
ホタテの水煮缶……1缶（135g）
うすくちしょうゆ……大さじ1
酒……大さじ1
塩……小さじ1/2
水……適量
バター……5g

つくりかた

1 米をとぎ、15分浸水させ、ザルに上げて20分おきます。

2 うすくちしょうゆ、酒、ホタテ缶の汁、水を合わせて360ミリリットルにします。

3 鍋に、米、昆布、2、塩、ホタテの身を入れて火にかけます。最初の5分は弱火、そのあと強火にし、沸騰したらふたたび弱火にして12分炊き、最後に10秒ほど強火にして火を止め、10分蒸らします。

4 フタを開けて昆布を取り除き、熱いうちにバターを加えてさっくり混ぜればできあがりです。

鯵ごはん

うす味をつけて炊いたごはんに、焼いた鯵をほぐして混ぜます。たっぷりの薬味をそえてどうぞ。

材料

米……2合
鯵……1尾
昆布……5cm角1枚
梅干し……2コ
塩……小さじ2/3〜1
水……360ml

つくりかた

1 米をとぎ、15分浸水させ、ザルに上げて20分おきます。

2 鯵に塩［分量外］をふり、魚焼きグリルでこんがり焼きます。

3 鯵の身をほぐし、骨と皮を外しておきます。

4 1 を鍋に入れ、水を加え、塩を入れざっと混ぜ、昆布、梅干しを入れて火にかけます。最初の5分は弱火、そのあと強火にし、沸騰したらふたたび弱火にして12分炊きます。火を止める少し前に鯵を入れ、フタをして火を止め、10分蒸らしたあと、昆布を取り出し、鯵とごはんを混ぜます。

薬味

細ねぎ（小口切り）
針しょうが
もみのり……いずれもお好みの量

鶏肉のしょうゆ焼き

にんにくと長ねぎの香りが高い、ごはんのおかず。
味つけはしょうゆだけ、というシンプルな料理です。

材料

鶏もも肉……………2枚(500g)
長ねぎ………………2本
にんにく……………1片
しょうゆ…………大さじ1〜1と½
油…………………大さじ½

つくりかた

1 鶏肉を、余分な脂や筋、血のかたまりなどを取り除き（P23参照）、一口大に切ります。

2 長ねぎを斜めに切ります。にんにくは半分に切り、芯と根の部分を取り、包丁でつぶしておきます。

3 フライパンに油とにんにくを入れて中火にかけ、香りがでたら鶏肉を皮側から入れてじっくりと焼きます。

4 ある程度火が通ったら、油をキッチンペーパーで吸い取り、ひっくり返して、長ねぎを加えます。

5 火が通ったらしょうゆを回し入れ、全体に味をなじませます。

しそ南蛮みそ

フライパンひとつでできる、ぴりりと辛い南蛮みそ。
焼いた肉や魚につけて食べても。

材料

大葉……50枚
青とうがらし……3本
みそ……160g
きび砂糖……大さじ2
油……大さじ2

1 大葉を粗みじんにし、青とうがらしを小口切りにしておきます。

2 熱したフライパンに油をひき、**1**を入れてさっと炒め、みそ、砂糖を加えてなじむまで炒めればできあがりです。

小松菜のおひたし

すだちの果汁と塩で味つけした、
さっぱりといただけるおひたしです。
小松菜はふんわりやわらかく絞りましょう。
だいこんおろしを加えても
さらにさっぱりといただけます。

材料

小松菜……1束
しめじ……½株
すだち……2コ
塩……小さじ½

つくりかた

1 小松菜をよく洗い、5センチの長さに切り、根元に十字の切り込みを入れます。

2 しめじの石づきを取り、小房に分けておきます。

3 すだちをしぼり、塩と合わせておきます。

4 鍋に水を少し入れて沸騰させ、1、2を入れて蒸し煮にし、火が通ったらザルに上げ、さめたら軽く絞っておきます（あるいは、下記コラムの方法でもいいですよ）。

5 すだちの果汁と塩の入ったボウルに、4を加えて和えます。

おいしさのコツ 4

おひたしのコツ。

おひたしは、野菜をやわらかいまま、ふんわりと仕上げるのがコツ。つくりかたはかんたんです。ほうれん草などの葉野菜を洗って、熱湯でゆがき、しんなりしたら水にとり、水気を残しながら軽く絞り、適当な長さに切っておきます。

ボウルに適量のかつおぶしを入れ、しょうゆを加えて混ぜ、そこに葉野菜をさっくりと混ぜます。

「ちょっと野菜が足りないな」というときに、ためしてみてください。

かくや

漬物をこまかく刻んでつくる「かくや」。
山盛りいっぱい食べたい、ふりかけ風のおかずです。
冬は、きゅうりや大葉のかわりに
みかんの皮やゆずの皮のせん切りを
入れてもおいしいですよ。

材料

たくあん……70g
きゅうり……1本
しょうが……お好みで
（たっぷりでも）
大葉……5枚
白ごま……小さじ1
酒……小さじ½
うすくちしょうゆ……小さじ½

つくりかた

1 たくあんを繊維にそって3センチのせん切りにします。

2 きゅうりも3センチに切り、かつらむきの要領で包丁を入れ、せん切りにします。種の部分は取り除きます。

3 しょうがと大葉もせん切りにします。

4 ボウルに1、2、3、うすくちしょうゆ、酒を入れて和えます。

5 仕上げに白ごまをふりかければできあがりです。

豆腐のおすまし

ほんのちょっと緑茶を加えたおすましです。
おいしさとともに、
口をさっぱりさせてくれるんですよ。

材料

豆腐……½丁
水……1500㎖
かつおぶし……15g
緑茶の葉……小さじ1〜2
塩……小さじ2
うすくちしょうゆ……小さじ1
三つ葉……適量

つくりかた

1 鍋に水を入れて火にかけ、沸騰したら、かつおぶしと緑茶の葉を入れます。すぐに火を止めて1分おき、濾します。

2 1に塩、うすくちしょうゆ、さいのめに切った豆腐を加えて火にかけ、ひと煮立ちさせます。椀によそい、三つ葉を刻んでちらせばできあがりです。

羊の会。

メニュー

・ラムロースト
・調味塩（レモン塩、ハーブ塩、クミン塩）
・ラムしゃぶ
・マッシュポテト
・にんじんサラダ
・豆腐サラダ
・トマトライス
・柿のマチェドニア
・サングリア

羊の会。

「とにかく羊！」という大人のあつまりを想定しました。同好の士があつまり、遠慮なくたっぷり羊を食べる会のためのメニューです。

北海道に行くと、日常的な食材として羊があり、わたし自身もなじみがあるのに、あんがい、食べる機会が少ないのが羊。たまに「食べたいね！」となったときは、ジンギスカンか、ラムチョップということが多いのですが、この会ではちょっと無国籍風で、めずらしくて、でもかんたんな、羊づくしのレシピを考えました。

かたまりのまま焼く「ラムロースト」がメインですから、オーブンのある人の家にあつまりましょう。「トマトライス」も、炊飯器を使うので、あわせてつくります。

料理が苦手、という人には、ラムローストの味つけに使う「調味塩」を担当してもらいます。ハーブやスパイスと塩を混ぜるだけなのでうんとかんたん。

野菜もちゃんと食べたいので、副菜には野菜料理をたっぷり用意します。それでも「にんじんサラダ」と「豆腐サラダ」は基本的に

〝混ぜるだけ〟ですから、得手不得手を問わず担当できそうです。「マッシュポテト」や、「サングリア」、そしてデザートの「柿のマチェドニア」は、それぞれ家で作ってきてもらい、持ちよるといいですね。ちなみにサングリアとマチェドニアは、できれば前日に仕込んでおくと、あわてずにすみますよ。

食器は、大きなかたまりのラムローストをのせるからといって、わざわざ大皿を用意しなくてもだいじょうぶ。ふだん家にあるようなお皿や器で構成しています。

ラムロースト

骨付きのラムのかたまりは、お肉屋さんや、精肉加工をしているスーパーなどで買うことができます。前もって予約をしておくといいですよ。

材料

ラムチョップ
（ラム・ラックのかたまり）……約600g
塩……小さじ1/3
油……適量
黒こしょう……適量
フレンチマスタード……お好みで
調味塩（P126参照）……お好みで

つくりかた

1 ラムチョップを常温で30分おき、焼く直前に塩と黒こしょう、オリーブオイル［分量外］をすり込みます。

2 200度に予熱したオーブン（＊）で、天板にアルミホイルを敷き、揚げ網を置きます。

3 1を、脂身を上にして置き、18分焼きます。買ってきたラムチョップの量が100グラム少なければ加熱時間を2分減らし、100グラム多ければ2分長く加熱します。レアが好きな人は、短めで。

4 焼き上がったら、ドアをあけずに、庫内で30分休ませます。

5 熱したフライパンに油をひき、オーブンから取り出したラム肉の脂身側を、4～5分中火でこんがりと焼きます。

6 フライパンから取り出し、脂身側を上にして常温で5～10分休ませ、皿に盛り付け、骨に沿って切り分けます。好みでフレンチマスタードや調味塩をつけてどうぞ。

＊ 電気オーブンを想定しています。ガスオーブンの場合はすこし低めの190度くらいに設定してください。

調味塩

肉料理のほか、魚料理、パスタなどにも使える調味塩です。
スパイス類は、ホールを使ったほうが
香りが出ますが、パウダータイプでもだいじょうぶです。
レモンは皮も食べられるものをお使いください。

材料　レモン塩

レモン……½コ
あら塩……大さじ1

材料　ハーブ塩

フレッシュハーブ……刻んで大さじ1
(オレガノ、ローズマリー、タイム、セージ、ミントなど)
あら塩……大さじ1

材料　クミン塩

クミンシード……小さじ½
あら塩……大さじ1

つくりかた レモン塩

レモンをよく洗い、水気を取って、皮の表面をチーズおろしなどで削り、あら塩と混ぜます。

つくりかた ハーブ塩

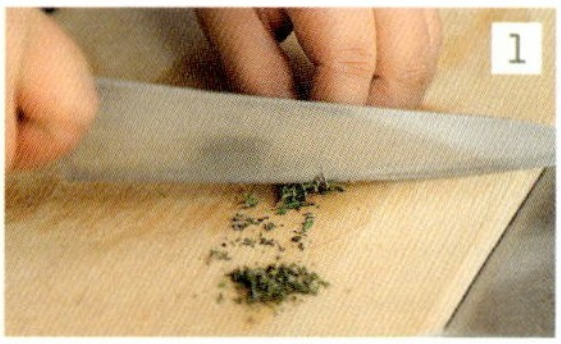

1 お好みのハーブを水洗いし、ペーパータオルなどにはさんで水気をふき取ります。盆ザルなどに平らに広げて風通しのよいところでひと晩干し、乾燥させ刻んでおきます。

2 ハーブとあら塩を混ぜます。

つくりかた クミン塩

クミンシードを細かく刻み（すり鉢やミルですり）、あら塩と混ぜます。

ラムしゃぶ

鶏と昆布のだしに、八角や実山椒、しょうがを加えた、ちょっと無国籍風なしゃぶしゃぶです。〆に麺を入れてもおいしいですよ。

材料

薄切りラム肉……………100g×人数分
セリ……………1〜2束
ねぎ……………2本
ごぼう……………1本

A
鶏スープ……1500㎖
八角……………1コ
実山椒…………大さじ1
ホタテの貝柱（干）＊……………2コ
しょうがの薄切り…3枚
昆布…………5㎝各1枚

タレ
しょうゆ
酢
豆板醤
ごま油
すりおろししょうがなど
……いずれもお好みで

＊省いても可。

つくりかた

1 野菜を切ります。

・セリの根を落とし5センチの長さに切ります。

・長ねぎはタテ半分に切ってから斜めに切ります。

・ごぼうはささがきにします。

2 鍋に材料Aを入れて沸騰したら、ラム肉や野菜をしゃぶしゃぶし、お好みで調合したタレをつけていただきます。

マッシュポテト

ラムによく合うつけあわせ。たっぷりそえてどうぞ。ほくほく、だんしゃく系のじゃがいもがおすすめです。

材料

じゃがいも……4コ（約600g）
塩……小さじ½～⅔
バター……5～10g
ゆで汁……適量
生クリーム……40～50㎖
ナツメグ……お好みで

つくりかた

1 じゃがいもは皮をむき、1センチの厚さに切り、やわらかくなるまでゆでます。

2 やわらかくなったら、ゆで汁を別の容器に少しとっておき、残りを流して、同じ鍋でじゃがいもをつぶします。塩、バター、生クリーム、ゆで汁を加えながら好みの硬さにさっくりと混ぜます。仕上げにお好みでナツメグをどうぞ。

にんじんサラダ

しゃきしゃき、もりもり食べられるくせのないサラダです。切って和えるだけのかんたんさ。冷蔵庫で冷やして味をなじませてもおいしいですよ。

材料

にんじん……2本（約300g）
塩……小さじ½
A
油……大さじ1と½
酢……大さじ1と½
フレンチマスタード……小さじ1
塩……小さじ½
白こしょう……適量

つくりかた

1 にんじんは皮をむき太めのせん切りにし、塩をふってなじませ、10〜15分おきます。
2 材料Aをボウルに入れて混ぜ、1の水分をキッチンペーパーなどで切り、和えます。

豆腐サラダ

豆腐と、食感のある野菜を和えるサラダです。
ほんのり梅肉の香りでいただきます。

材料

木綿豆腐 …… ½丁(150g)
セロリ …… 1本
きゅうり …… 1本
赤パプリカ …… ½コ
プロセスチーズ …… 60g

A
梅干し …… たたいて大さじ2
砂糖 …… 大さじ1〜1と½
水 …… 大さじ1

オリーブオイル …… 大さじ½

つくりかた

1 豆腐の水切りをし、1センチ角に切ります。

2 セロリは筋を取り1センチ角に、きゅうりも1センチ角に、赤パプリカも種を取り1センチ角に切ります。チーズも、1センチ角に切っておきます。

3 ボウルに1、2とあらかじめ混ぜておいた材料Aを入れて和えます。仕上げにオリーブオイルをまわしかければできあがりです。

トマトライス

すりおろしトマトを水と混ぜて炊くごはん。ピラフのようでいて、あぶらっこくなく、しょうがの香りも加わってさっぱり食べられます。

材料

米……3合
水……適量
トマト……1コ
しょうが……1片
塩……小さじ1

つくりかた

1 米を洗って浸水させ、ザルに上げておきます。
2 トマトをすりおろします（残った皮は使いません）。
3 しょうがの皮をむきせん切りにします。
4 炊飯器に1、2、3、塩を入れ、3合の線まで水を加えてひと混ぜして炊飯します。炊き上がったら全体をかき混ぜます。

柿のマチェドニア

イタリア料理のフルーツサラダ的なデザートをアレンジ。
ブランデーの香る、大人の甘味です。
柿がない季節は、マンゴー、パパイア、パイン、桃でも。

材料

柿……………2コ　レモン汁…………大さじ2
砂糖………大さじ1～2　ブランデー………大さじ2

つくりかた

1 柿は皮とヘタを除き、5ミリのくし形に切ります。
2 1をボウルやビニール袋に入れ、砂糖、レモン汁、ブランデーを加えてなじませます。
3 バットなどに平たくのせて冷凍庫に入れます。半解凍の状態でいただきます。

サングリア

フルーツ入りのフレーバードワイン。安いワインでもおいしくできますよ。前日から準備しておきましょう。

材料

赤ワイン……700㎖
りんごジュース……300㎖
オレンジ果汁……2コ分
オレンジ……1コ
りんご……1コ
シナモンスティック……1本
クローブ……1粒

つくりかた

1 オレンジを、2コは果汁をしぼり、残りの1コは皮をむき、一口大に切ります。りんごも皮と芯を除きスライスする。

2 容器に材料をすべて入れて、ひと晩おいてどうぞ。

サラダをおいしく。

サラダをつくるにあたって、撮影などで、ちゃんとおいしそうに見えるよう、また、じっさいにおいしくなるようにくふうしていることをお伝えします。

サラダに使うレタスは、金属の包丁を使うと、黒く変色しがち。繊維に沿って、手でさくと、見た目にもきれいです。ちぎったレタスやそのほかの野菜は、洗って、よく水を切ります。そしてボウルにうつして、まずオイルをまぶします。やさしく手でまんべんなく葉っぱにオイルをコーティングさせる感じです。先に塩分が野菜にふれると、浸透圧の関係で水分が出てしまうのですが、こうしておけばパリッとした食感が長く楽しめるんです。

オイルとビネガーと塩分の組み合わせで、ずいぶん味がかわります。以下、和洋中の基本調味料を紹介しますね。

和風　サラダ油＋うすくちしょうゆ＋酢＋一味とうがらし

洋風　オリーブオイル＋塩＋こしょう＋ワインビネガー（バルサミコ酢でも）

中華風　ごま油＋塩またはしょうゆ＋酢（黒酢でも）

手で和える。

オイルを先に。

水をよく切る。

レタスは手で。

メインディッシュに使っていない調味料を合わせると、その日のメニューに変化がつけられますよ。

切り方のコツをもうすこし。

水なすなどは、ヘタのところだけすこし切り目を入れて、手でさく。これもおいしそうに見えるコツです。

きのこ類をタテに切るときも同じ。たとえばエリンギは、石づきを取ったら、繊維にそってタテにさくと、食感がよくなり、味もしみこみやすくなります。

逆に、ほうれん草などは、手でちぎると繊維がつぶれてしまうので、包丁を使ったほうがいいですね。

男のつまみ。

メニュー

・鶏肉のアクアパッツァ
・トマトスパゲッティ
・鯖のこしょう焼き
・ミックスナッツ カレー味
・だいこんときゅうりの
さっぱり漬け

男のつまみ。

「男性ばかりのあつまりって、おつまみがさびしい感じになるんです」と、知り合いの〝家飲み好き男子〟のかたが言っていました。そこで、料理が苦手な男性でもつくることができる、手間の少ないレシピを揃えてみました。

たとえば、「ミックスナッツ カレー味」はビニール袋に入れて混ぜるだけ。「さっぱり漬け」は、塩、レモン、水だけ。ほんとうにかんたんです。

「鯖のこしょう焼き」は、レモンとバターとこしょうを使ってフライパンで鯖の干物を焼きます。干物を使うことで、下ろす手間いらずで、生臭さもありません。そんなちょっとしたひと手間で、買ってきたおそうざいとは違うおいしさが出るんです。

いちばん手がかかるのが「鶏肉のアクアパッツァ」。これは、メンバーのなかでいちばん「料理が得意！」という人に任せましょう。そして2番手の人には、トマトのパスタをつくってもらうといいですよ。

お皿は、あるもので調達。むりして大皿を買う必要はありませ

ん。フライパンをそのまま出してもいいですよね。もちろんグラスもばらばらでだいじょうぶです。

ただし、男性の家ですと、人数分のナイフやフォークが揃っていないこともありそうです。こういうあつまりに、割りばしはちょっと味気ない。この機会に、フォークだけでも揃えておくことをおすすめします。そこはちょっと気取って、楽しんでください。

お酒は、持ちよりで「自分の好きなもの、飲みたいものをどうぞ」。

鶏肉のアクアパッツァ

ほんらいは白身魚を、水で薄めた白ワインで煮るイタリア料理がアクアパッツァ。
それを鶏肉でつくってみます。
鶏肉はからあげ用を使うと、さらにかんたんです。

材料

鶏もも肉……2枚（約500g）
薄力粉……大さじ½
塩……小さじ¼
にんにく……2片
鷹の爪……2本
アサリ……200g
（砂抜きはP14参照）
アスパラガス……3本
プチトマト……10コ
白ワイン＋水……合わせて100mℓ
ケッパー……大さじ2
オリーブオイル……適量
イタリアンパセリ…お好みで
バゲット……適量

つくりかた

1 鶏もも肉は、脂や筋、血のかたまりなどを取り除き(P23参照)、一口大に切り、塩をふって薄力粉をまぶします。

2 アスパラガスは、硬い部分の皮をむき、食べやすい長さに切ります。

3 プチトマトのヘタを取っておきます。

4 にんにくは半分に切って包丁でつぶします。

5 鷹の爪を半分にちぎります。

6 熱したフライパンにオリーブオイルをひき、中火で鶏肉を皮側から焼きます。まわりににんにくを加え、5分ほどしてこんがり焼けたら、出た脂をキッチンペーパーなどで吸い取ります。

7 鶏肉をひっくり返し、白ワイン、水、アサリ、アスパラガス、プチトマト、ケッパー、鷹の爪を加え、汁をまわしかけながら約5分煮ます。味をみてうすければ塩[分量外]をふります。

8 皿に盛り、オリーブオイルをまわしかけ、好みで刻んだイタリアンパセリをちらします。

9 トースターでこんがり焼いたバゲットをそえ、スープに浸しながらどうぞ。

トマトスパゲッティ

すりおろしトマトを使い、
チーズとこしょうだけで味つけした、
シンプルなスパゲッティです。
濃厚なトマトジュースを使ってもいいですよ。

材料

スパゲッティ……………200g
水………………………適量
塩……………ゆでる水量の1パーセント
すりおろしトマト………100g（中約1コ分）
オリーブオイル……大さじ1
パルメザンチーズ……………すりおろして大さじ4～5
黒こしょう……………少々

つくりかた

1 沸騰した湯に塩を入れ、スパゲッティを表示の時間より１分短くゆでます。

2 スパゲッティをゆでている間にトマトをすりおろし、ボウルに入れておきます。

3 ゆで上がったスパゲッティを 2 に入れ、オリーブオイル、パルメザンチーズ（仕上げ用にすこし残しておきます）、黒こしょうを加えて和えます。

4 皿に盛り、仕上げに残りのパルメザンチーズをかけて完成です。

鯖のこしょう焼き

肉厚なので、食べごたえがあり、
洋風なのでいろいろなお酒に合わせやすいおつまみです。
こしょうはできればひきたてを。

材料

鯖の干物……1尾
サラダ油……大さじ1
バター……10g
レモン……½コ
黒こしょう……粗びきをたっぷり

つくりかた

1 熱したフライパンに油をひき、鯖を皮側から両面こんがりと焼きます。鯖から出る脂は、キッチンペーパーなどで吸い取ります。

2 焼けたらバターを加え、溶かして、両面になじませます。

3 皿に盛り、黒こしょうをたっぷりふり、くし形に切ったレモンをそえます。

ミックスナッツ カレー味

ビニール袋に材料を入れ、ちょっと空気を入れ、シャカシャカ振れば完成です。
ガラムマサラを少しだけ加えるところがポイントです。
ミックスナッツは無塩でも有塩でも。

材料

ミックスナッツ……………120g　ガラムマサラ………小さじ¼
カレー粉…………小さじ1

つくりかた

ミックスナッツをビニール袋に入れ、カレー粉、ガラムマサラを加えて、空気を入れて口を閉じてよく振ります。

だいこんときゅうりのさっぱり漬け

塩、レモン、水だけでつくる漬物です。主張が強くないので、箸休めのスティックサラダがわりにどうぞ。

材料

野菜（だいこん・きゅうり）……………合わせて600g
塩……………小さじ1
レモン……………2コ
水…レモン汁と合わせて100㎖

つくりかた

1 野菜を食べやすい大きさに切ります。きゅうりは1センチくらいの厚さの斜め切りに、だいこんは皮ごと、7ミリくらいの厚さの半月切りにするといいですよ。

2 レモンをしぼり、皮を少しすり下ろして加え、塩と水を合わせて100ミリリットルにしておきます。

3 ビニール袋に野菜、2を加え、空気を抜いて結び、軽くもんで30分〜1時間漬けます。涼しい季節なら常温で、暑い時季は冷蔵庫に入れます。

4 軽く汁気を切って皿に盛り付けます。

調味料を変えて、味にバリエーションを。

たとえば同じきんぴらの材料でも、調味料を変えることで和風・洋風・中華風・エスニック風の味に変化します。メインの味つけと異なる調味料を使うことで、食卓にバリエーションが生まれます。

野菜300gの場合

和風

しょうゆ……大さじ1
（またはみそ……大さじ1強）
砂糖……小さじ1
酒……大さじ1
ごま油……大さじ½〜1
白ごま、黒ごま、七味とうがらしなど……お好みで

洋風

塩……小さじ½
酒……大さじ1

にんにく……少々
こしょう……少々
オリーブオイル……大さじ½〜1

中華風

しょうゆ……大さじ½
砂糖……小さじ⅓
オイスターソース……大さじ½強
鷹の爪……適量
ごま油……大さじ½〜1

エスニック風

ナンプラー……大さじ⅔
酒……大さじ1
砂糖……小さじ⅓
にんにく……少々
サラダ油……大さじ½〜1

蒸し料理ざんまい。

メニュー

・シュウマイ
・牛肉巻き
・セロリの油揚げ巻き
・マントウ
・蒸しビーフ
・小松菜炒め
・ニラ玉炒め
・つけだし
・ねぎダレ

蒸し料理ざんまい。

ヘルシーで、おいしくて、楽しくて。湯気のもくもく上がるなか、あつあつをいただく、蒸し料理のあつまりを考えました。

からだにいいものをちゃんと食べたいと思っている女性にぜひためしていただきたいメニューです。

この会では、早めにみんなであつまって、切ったり、こねたり、包んだり、巻いたりという工程を楽しく共有していただけたらと思います。粉ものが得意な人がいれば、「マントウ」の仕込みを担当してもらいましょう。ほかはとくに難しいものはありません。

準備ができあがったところでテーブルをセッティングし、「せーの！」で、蒸して、いただきます。

野菜は、お好みのものをどうぞ。写真のようにきれいに並べたくて、以前ロサンゼルスで訪れたカフェで出されていたフルーツプレートを参考にしました。こんなふうにすると、なんでもないにんじんやれんこんが、ごちそうに見えるんです。また、「その他の蒸しもの」の項目にある「食パン」は、蒸して食べるとふかふかで、意外なおいしさですよ。

卓上コンロに蒸し器をのせると、けっこう高さが出てしまうので、ちいさなワゴンやサイドテーブルがあれば、食卓の脇に置いて、作業をするといいですね。

シュウマイ

ひき肉に、とんかつ用の厚切り肉を刻んで混ぜることで、ふつうのシュウマイにはない歯ごたえを出しています。塩麹の効果で、やわらかく仕上がります。

材料

豚肩ロース（とんかつ用の厚切り）……250g
豚ひき肉……150g
たまねぎ……¼コ（約60g）
生パン粉……20g
卵……½コ
薄力粉……大さじ½
塩麹……大さじ1と½（約30g。塩で代用するときは小さじ1弱）
こしょう……少々
ごま油……大さじ½
シュウマイの皮……40枚
白菜かキャベツ……適量

つくりかた

1 たまねぎをみじん切りにします。

2 豚肩ロースを1センチ角くらいに切ります。

3 ボウルにひき肉と塩麹を入れて粘りが出るまでこねます。

4 粘りが出たら、豚肩ロース、卵、生パン粉、こしょう、ごま油を加えて全体がなじむまでこねます。最後に薄力粉をまぶしたたまねぎを加えてこねます。

5 4をざっくり4等分にして、ひとかたまりを10コ目安にして、シュウマイの皮で包みます。

6 湯気の上がった蒸し器に、白菜やキャベツを敷き、7～8分蒸せばできあがりです。

牛肉巻き

香菜とナンプラーに梅肉を足した、エスニック感覚の蒸し料理です。香菜のかわりにみょうがや大葉でもいいですよ。

材料

牛薄切り肉……200g
長ねぎ……½本
梅干し……たたいて大さじ1
ナンプラー……小さじ1
香菜……適量

つくりかた

1 梅肉と細かくきざんだ香菜を、ナンプラーと合わせておきます。
2 長ねぎを3センチの長さに切り、縦半分に切ります。
3 牛肉に1、2をのせて端からクルクルと巻きます。
4 湯気の上がった蒸し器で5〜7分蒸してどうぞ。
5 つけだしかねぎダレ（P166・167参照）につけていただきます。

セロリの油揚げ巻き

湯気のパワーで油揚げもふっくら、あつあつに。
シャキシャキとしたセロリの食感も楽しい一品です。

材料

油揚げ……………2枚　セロリの茎……………1本

つくりかた

1 油揚げをペーパーなどではさんで油抜きし、広げて大きい短冊に切ります。
2 セロリの筋を取り、せん切りにします。
3 油揚げにセロリをのせ、はしからクルクルと巻き、つまようじでとめます。
4 湯気の上がった蒸し器で3～5分蒸してどうぞ。

マントウ

せっかくの「蒸し料理の会」ですから、炭水化物も、蒸しものを。
あつあつをおめしあがりください。

材料

薄力粉……200g
強力粉……80g
砂糖……大さじ3
ドライイースト……小さじ1
ベーキングパウダー……小さじ2
塩……小さじ½
サラダ油（生地用）……大さじ1
ぬるま湯（40度）……160～170㎖
打ち粉用の薄力粉……適量

つくりかた

1 ボウルに薄力粉、強力粉を入れ真ん中をくぼませます。くぼみに砂糖とドライイーストを入れ、周り（くぼみとボウルのふちの間）にベーキングパウダー、塩、サラダ油（生地用）を加えます。

2 ぬるま湯をくぼみに注ぎ、菜箸などで混ぜ、ひとまとまりになったら、打ち粉をした台に出して10分くらい手でこねます。

3 ボウルに打ち粉をして丸めた生地を入れ、ラップをして常温で30〜40分発酵させます。

4 2倍くらいに膨らんだら、打ち粉をした台に出し、30センチ×10センチくらいの長方形にのばします。

5 表面にサラダ油［分量外］を塗り、長細く2つに折り、8等分に包丁で切ります。

6 適当な大きさに切ったクッキングシートの上に、生地を一つずつのせてバットに入れ、常温で10〜15分位、2次発酵させます。

7 2倍くらいに膨らんだら、湯気の上がった蒸し器で7〜8分蒸せばできあがりです。

蒸しビーフ

烏龍茶と八角、にんにくのタレで漬け込み、ローストビーフ感覚でいただく中華風の蒸しビーフです。
烏龍茶の茶葉がなければほうじ茶や紅茶を、あるいは水のかわりに市販の烏龍茶を使ってもいいですよ。

材料

牛もも肉（かたまり）……300g
塩……少々
こしょう……少々

A
烏龍茶の茶葉……大さじ½
八角……1コ
にんにくスライス……1片
水……150㎖

しょうゆ……大さじ5

つくりかた

1 牛肉を冷蔵庫から出て常温で30分おき、全体に塩、こしょうをしアルミホイルで包みます。

2 皿にのせ、蒸気の上がった蒸し器に入れ、弱火で10分蒸します。

3 残り5分になったら漬け汁をつくります。小鍋に材料Aを入れて沸騰したら弱火にし、茶葉が開いてきたら火を止めてしょうゆを加えます。

4 蒸し上がった肉を**3**の漬け汁に漬けて30分～1時間おきます（ビニール袋に入れると便利です）。漬けダレから取り出した肉を薄く切り、濾した漬けダレをかけておめしあがりください。

その他の蒸しもの

いっしょに蒸すと楽しい食材です。

材料

さつまいも　なす　厚揚げ
にんじん　チンゲン菜　食パン
だいこん　かぶ
れんこん　豆腐

つくりかた

食材を食べやすい大きさに切り、湯気の上がった蒸し器で3～5分蒸していただきます。

小松菜炒め

じゃことしいたけを入れた炒めもの。
副菜としてつくりました。
マントウにはさんでも。

材料

小松菜……½束（約150g）
しいたけ……2枚
ごま油……小さじ1
ちりめんじゃこ……小さじ2
塩……小さじ½
（またはナンプラー小さじ2）

つくりかた

1 小松菜をゆで、水にとり、水気を絞ってから1センチに切ります。
2 しいたけの石づきを取り、粗みじんにします。
3 熱したフライパンにごま油、じゃこ、1、2を入れて中火で炒め、塩またはナンプラーで味つけします。

ニラ卵炒め

強火で一気につくりましょう。
ニラは火の通りが早いので、炒めすぎないのがポイント。
卵の火の入れ具合はお好みで。
これも、マントウにはさんでどうぞ。

材料

卵……3コ
ニラ……1/4束
塩……小さじ1/3
サラダ油……小さじ1
ごま油……小さじ1

つくりかた

1 ニラを2センチ幅に切ります。
2 ボウルに卵を割り入れて塩を加えて溶いておきます。
3 熱したフライパンにサラダ油とごま油をひき、強火でニラをさっと炒めてから、卵を流し入れてスクランブル状にします。

つけだし

今回の蒸し料理の、基本のつけだし。
あっさりとした塩味です。
しょうゆのように、調味料としてつける感覚です。

材料

濃いめのだし……………300mℓ
塩…………小さじ1と1/2〜2
＊基本のだしのとりかたは、P42・43を参照ください。

つくりかた

だしを濃いめにとり、あたたかいうちに塩を溶いておきます。

ねぎダレ

ごま油とぽん酢の香り高い中華風のタレです。

材料

長ねぎ……10㎝
ごま油……大さじ½
ぽん酢……100㎖
すりおろしにんにく……お好みで

つくりかた

1 長ねぎを粗めのみじん切りにします。
2 ごま油をフライパンで熱し、あつあつになったら長ねぎにジュッとかけ、混ぜてからぽん酢を加えます。お好みでにんにくを加えてください。

分福鍋。

ぶんぷく

メニュー
・だまっこ
・肉団子
・いろんな具材
・鶏手羽先のしょうゆ漬け

分福鍋。

本書をつくるにあたって、プロデューサーである糸井重里さんからいただいたヒントがふたつありました。

ひとつは、最初に掲載した「フライパン3つ」。大皿を使わずに、どの家庭にもある調理器具を、ということで、フライパンをそのままお皿がわりにするメニューがうまれました。

そしてもうひとつのヒントが「もちつき」。

みんながあつまるごはんといえば、ぜったいに盛り上がるイベントが、もちつき。けれども一般的におもちをつくのはなかなかたいへんですから、それを家庭料理に応用できないかな、と考えたのがこの「分福鍋」です。

秋田の郷土食材である「だまっこ」をヒントに、切りもちを入れて炊いたごはんを半殺しにして、すこし焼き目をつけたものを鍋に入れることにしました。同じくメインの具材となる「肉団子」とともに、全員参加でわいわいつくると楽しいレシピです。

そして、味が単調になりがちな鍋料理のイメージを変えようと、食べながら食材を追加し、味をどんどん変えていく鍋のスタ

イルを考えました。

最初はきのこや豆腐をスープの味だけで、次にぽん酢で野菜をたっぷり。最後にみそや酒粕、豆乳で、肉団子とだまっこなどを入れて、味を変えながら、いただきます。最後まで飽きることがない鍋なんです。

「分福鍋」というのは造語ですが、このお鍋をかこんで、楽しさやうれしさ、おいしさなどの「福」をみんなでシェアする、そんな食卓になったらいいなと思っています。

材料をぜんぶ並べてスタート！ まずはきのこから。

分福鍋

鶏だしのすっきりしたスープをベースに、
どんどん味を変えて楽しむ鍋です。
まず鶏だしで、きのこと豆腐を。
次にシャキシャキの野菜をしゃぶしゃぶのように。
そして、だまっこや肉団子を加え、
みそ、豆乳、酒粕で味をつけていきます。

続いて、野菜のしゃぶしゃぶをぽん酢で

最後にだまっこをいただきます。

材料

だし

鶏手羽先……10本
水……2000ml
＊できただしのうち1000mlに対し塩小さじ2〜3の塩を加えて使います。

具1

きのこ…合わせて約500g
（エリンギ、しめじ、舞茸、えのき茸、しいたけなど）
生きくらげ……100g
豆腐（絹）……1丁

具2

にんじん……1本
だいこん……½本
アスパラガス……5本
ぽん酢……お好みで

具3

だまっこ（P176参照）
肉団子（P178参照）
しょうが……1片
長ねぎ……2本
なす……3本
油揚げ……2枚
つきこん……½袋（80g）
水菜……1束（60g）
セリ……½束（135g）
みそ……大さじ2〜3
豆乳……200ml
酒粕……100g
（同量の水で溶く）

薬味

白ごま
酢
ラー油など……いずれもお好みで

1 鶏手羽先の先を切り落とし、手羽中の真ん中に骨に沿って切り込みを入れます（だしをとりやすくするためです）。

2 鍋に、水、切った鶏手羽先を入れ、沸騰したらアクを取って弱火にし15〜20分煮ます。

3 鶏だしの1000ミリリットルを鍋に移し、塩小さじ2〜3を加えて味つけをします。残りの鶏だしは、塩を加えず調整用に使います。だしを取った後の鶏手羽先は、しょうゆ漬けにします（P180参照）。

4 きのこ類、豆腐を食べやすい大きさに切ります。

5 だいこん、にんじん、アスパラガスはピーラーでひらひら状にむきます。

6 しょうがはせん切り、長ねぎは5センチの長さに切って縦に切り込みを入れ、周りの部分を太めのせん切りにします。白い芯の部分は肉団子（P178参照）に使います。

7 水菜、セリは4センチの長さに切り、合わせておきます。なすは皮をむき、細長く切り、水にさらしてアクを抜きます。

8 だまっこ（P176参照）、肉団子（P178参照）をつくります。

9 材料の**具1**、**具2**、**具3**、薬味をそれぞれP172・173の写真のように皿に盛り付けます。

10 食卓で鶏だしを沸かし、まず、きのこ類、豆腐を入れて火が通ったらそのまま食べます。鶏だしが煮詰まってきたら、その都度、残りの鶏だしや水を加えてください。

11 次に野菜類を加えて火が通ったらぽん酢で食べます。

12 鶏だし、水、みそ、酒粕、豆乳を入れて味をととのえてから、しょうが、長ねぎ、なす、肉団子、だまっこ、油揚げ、つきこん、水菜、セリを加えます。火が通ったらどうぞ。酢、すりごま、ラー油をお好みで加えても。

だまっこ

秋田のきりたんぽのようでもあり、
おもちのようでもあり。
みんなでついて丸めて、つくってくださいね。

材料

米……………………2合
水…………米2合の水加減で
切りもち……………2コ

つくりかた

1 米を洗い、15分浸水させ、ザルに上げ、20分おきます。炊飯器に入れ、水を入れたあと、切りもちをのせ、通常通り炊きます。

2 炊けたら、すりこぎなどで半殺しにし、ピンポン玉よりすこし小さめのサイズに丸め、平たくしておきます。

3 熱したフッ素樹脂加工のフライパンで焦げ目がつくまで、ひっくり返しながら焼いておきます。

肉団子

鍋のメインの具となる肉団子です。
あらかじめこんがり焼いて火を通しておきます。

材料

豚ひき肉（粗びき）……400g
塩……小さじ⅔
こしょう……少々
酒……大さじ1
片栗粉……大さじ1
たけのこ（水煮）……100g
長ねぎ……粗みじんにして大さじ2
＊P174で使った残りの芯を使用しても。
油……少々

つくりかた

1 たけのこを7ミリ角に切ります。

2 ボウルにひき肉、塩、こしょうを入れてこね、酒、片栗粉を入れてなじませます。さらにたけのこ、粗みじんにした長ねぎを入れて混ぜ、丸めます。

3 熱したフライパンに油をひき、肉団子を転がしながら焼きます。途中で出た脂は、キッチンペーパーなどで吸い取ります。

鶏手羽先のしょうゆ漬け

だしがらの鶏手羽先も、しょうゆとにんにくでシンプルに漬け込むと、こんな副菜になりますよ。お酒のつまみとしても、どうぞ。

材料

だしをとった後の鶏手羽先（P174参照）……10本
しょうゆ……大さじ2〜3
にんにく……1片

つくりかた

だしをとり終わった鶏手羽先の大きなほう（先のほうは使いません）をビニール袋に入れて、スライスしたにんにく、しょうゆを加えて空気を抜いて口を閉じます。鶏手羽先が熱いうちに漬ければ30分ほどで食べごろに。

しょうが焼きの脂。

豚肉の脂身はうまみもありますが、しょうが焼きなどをつくるとき、加熱中にフライパンににじみ出てくる余分な脂は、キッチンペーパーなどで吸い取ります。下味をつけずに焼き、あとでタレをからめる料理は、この方法ですとタレがからみやすくなりますし、お肉ほんらいの味もきわだつように思います。

油を取るといえば……。

油揚げの油は、揚げたてならば気になりませんが、酸化してしまうと、料理の味をそこなうことも。数枚ならキッチンペーパーではさみ、軽くおさえて、油を取りましょう。量が多いときは、ザルに入れ、熱湯をかけて油抜きをします。

油いろいろ。

クセのない油は炒めものに、香りの強い油はサラダに。油を変えると料理の印象ががらりと変わります。わたしがよく使っている油には、こんな種類があります。

えごま油
オリーブオイル（香りの強いもの）
ピーナツ油
ごま油
こめ油
オリーブオイル（香りの弱いもの）
太白ごま油
サラダ油

バターは調味料感覚で。

コクを出したい料理には、仕上げにバターを使います。本書でも、鯖のこしょう焼き（P146参照）は、和食の素材を、バターとこしょうで洋風に仕上げました。じゃがいもを煮るとき（P36参照）も、仕上げにバターを入れると、煮物が苦手という人にも食べやすくなります。